電子出版活用型図書館プロジェクト

立命館大学文学部湯浅ゼミの総括

湯浅 俊彦 著

出版メディアパル

まえがき
電子出版活用型図書館プロジェクト
―立命館大学文学部湯浅ゼミの総括―

　本書は、立命館大学の「日本文化デジタル・ヒューマニティーズ拠点　研究拠点形成支援プログラム」の研究プロジェクト「電子出版活用型図書館プロジェクト」(研究代表者：湯浅俊彦）を紹介すると同時に、プロジェクトを通してゼミ授業や大学院授業の高度化をめざした取り組みの成果報告書である。

　本プロジェクトでは、電子出版を活用した新たな図書館モデルを構築することを目的として研究を続けてきた。従来の図書館サービスをICT活用によって高度化かつ簡便化し、図書館利用者の立場を重視した具体的なサービスの実用化に向けた「課題解決型リサーチ」を行ってきたのである。

　第1章では、「電子出版活用型図書館プロジェクト」で取り組まれている、(1) 公共図書館へのディスカバリーサービス導入、(2) 音声読み上げ機能を活用した電子書籍貸出による障害者サービス、(3) 多言語電子書籍による外国人への多文化サービス、(4) 児童サービスとしてのデジタル絵本制作ワークショップ、(5) 学校図書館への電子図書館サービスの導入、の5点についてその概要を述べ、公共図書館や学校図書館がICTを活用することによって、新たな利用者サービスの可能性が広がったことを明らかにした。

　第2章では、その中でもディスカバリーサービスを中心に、公共図書館への導入によって地域資料など探索したいキーワードを入力すれば図書や逐次刊行物、データベースの本文から適合する箇所が発見することができることを事例にもとづいて示した。現時点ではまだ長崎市立図書館の導入事例しかないが、ディスカバリーサービスが公共図書館に導入されることによって、これからのレファレンスサービスも大きく変化していくだろう。

第3章では、国立国会図書館における所蔵資料のデジタル化とオンライン資料の制度的収集により、さまざまな可能性が広がり、著作権法や国立国会図書館法の改正を背景に、読書アクセシビリティを保障する取り組みが進展することを示した。また今後、文字情報だけでなく、画像や音声資料も含む統合的検索システムをさらに発展させ、国立国会図書館が提供するサービスがあらゆる情報のインフラとして国民に利活用されることが重要であるとした。

　第4章、第5章では、それぞれ立命館大学湯浅ゼミの3回生のゼミ論文、修士課程2回生の修士論文の概要を示し、指導教員からのコメントを付し、大学生・大学院生がこれからの出版や図書館の領域でICTを活用する探求を行っていることを紹介した。まさにこのような萌芽的研究は今後の出版と図書館を変革するものへと成長し、いつしか彼／彼女らが未来をデザインしていくことになるであろう。

　第6章では、ゼミ調査旅行として毎年行っているフィールドワークの概要を示した。扶桑社では主に雑誌メディアにおける紙と電子の生産と販売について、また日比谷図書文化館では図書や逐次刊行物を提供する際の新しい手法、さらに図書館流通センターでは書誌データ制作の実際、公共図書館運営の動向、電子図書館サービスの新たな展開について、それぞれ見学を行い、レクチャーを受け、そしてディスカッションを行った様子をまとめた。

　最後に資料編として、2010年から2017年までの電子出版を中心とした年表を付し、特に出版界における激しい変化について読者が理解する一助とした。

　これまで立命館大学文学部におけるゼミ授業高度化の動向を示すために、5点の図書を刊行してきたが、筆者が2019年3月末日に定年を2年残して退職するため、今回の6点目がシリーズ最後となった。これからの出版と図書館、大学授業の変革について関心のある多くの方々に本書をお読みいただければ幸いである。

　2019年1月

著者　湯浅 俊彦

■ 目　次

目　次

◆ まえがき ……………………………………………………………………… 2

第1章　電子出版活用型図書館プロジェクト ……………………… 7
第１節　「電子出版活用型図書館プロジェクト」の総括 ……………… 8
第２節　電子書籍を活用する学校教育……………………………… 15

第2章　電子出版活用型図書館プロジェクトの可能性 ………… 33
第１節　ディスカバリーサービスを中心に……………………………… 34
◇ プレスリリース：公共図書館初のディスカバリーサービス導入 …… 48

第3章　デジタル・アーカイブとしての
国立国会図書館 ……………………………………………… 51
第１節　読書アクセシビリティの観点から………………………… 52
第２節　その後の展開……………………………………………… 85

第4章　ICTを活用した出版と図書館の新たな展開（1） …………… 95
研究論文１　リッチコンテンツを利用した電子書籍
田中舞ゼミ生の研究と評価…………………………… 96
研究論文２　ファッション誌の課題と未来
田中友貴ゼミ生の研究と評価………………………… 98
研究論文３　ICTを活用した読み聞かせの新展開
辻井沙英ゼミ生の研究と評価………………………… 100

目　次

研究論文4　大学・専門学校における電子書籍導入の現状と課題
　得永結友ゼミ生の研究と評価‥‥‥‥‥‥‥‥‥‥‥‥‥‥‥ 102

研究論文5　これからの公共図書館
　林真穂ゼミ生の研究と評価‥‥‥‥‥‥‥‥‥‥‥‥‥‥‥‥ 104

研究論文6　学校教育を支える場としての図書館の可能性
　本田琳ゼミ生の研究と評価‥‥‥‥‥‥‥‥‥‥‥‥‥‥‥‥ 106

研究論文7　特別支援教育におけるICTの活用
　藪内夢咲ゼミ生の研究と評価‥‥‥‥‥‥‥‥‥‥‥‥‥‥‥ 108

第5章　ICTを活用した出版と図書館の新たな展開（2） ‥‥‥‥ 111

研究論文1　大学図書館における多文化サービスの可能性
　郭昊院生の研究と評価‥‥‥‥‥‥‥‥‥‥‥‥‥‥‥‥‥‥ 112

研究論文2　学校図書館における電子図書館サービスの実証的研究
　向井惇子院生の研究と評価‥‥‥‥‥‥‥‥‥‥‥‥‥‥‥‥ 114

第6章　出版と図書館をめぐるフィールドワーク ‥‥‥‥‥‥‥ 117

◇ 扶桑社 ‥‥‥‥‥‥‥‥‥‥‥‥‥‥‥‥‥‥‥‥‥‥‥‥‥ 118

◇ 日比谷図書文化館 ‥‥‥‥‥‥‥‥‥‥‥‥‥‥‥‥‥‥‥ 120

◇ 図書館流通センター ‥‥‥‥‥‥‥‥‥‥‥‥‥‥‥‥‥‥ 122

資　料　電子出版年表 2010〜2017年 ‥‥‥‥‥‥‥‥‥‥‥ 124

◆ あとがき ‥‥‥‥‥‥‥‥‥‥‥‥‥‥‥‥‥‥‥‥‥‥‥‥ 133

◆ 索　引 ‥‥‥‥‥‥‥‥‥‥‥‥‥‥‥‥‥‥‥‥‥‥‥‥‥ 134

本書の発行に当たって

　本書は、立命館大学文学部「湯浅ゼミ」を中心に展開している出版と図書館に関するさまざまな取り組みを社会に発信するものである。
　「電子出版活用型図書館プロジェクト」をテーマに次世代を担う大学生・院生が展開した多面的、重層的な課題解決型リサーチの概要を示した。
　なお、巻末に「電子出版年表2010～2017年」を収録し、激変する電子出版・電子書籍の軌跡を追った。
　本書の電子書籍版については、公共図書館・大学図書館向け電子図書館サービスに提供されるとともに、学術・研究機関向け電子書籍として配信される予定である。

　お世話になった人々への感謝を込めて

　2019年2月

著者　湯浅 俊彦

第1章

電子出版活用型図書館プロジェクト
―研究の総括とアクティブラーニング

本章の内容

　立命館大学「電子出版活用型図書館プロジェクト」では、公共図書館における障害者サービス、多文化サービス、ディスカバリーサービス、児童サービス、また学校図書館における授業と連携した新たな利用者サービスについて、電子出版を活用することによって高度化するという実践的活動を行ってきた。
　本章では2018年度の具体的な取り組みを紹介するとともに、研究活動とゼミ生、院生のアクティブラーニング（能動的学修）との関連を明らかにする。

「親子で作って楽しもう！デジタル絵本制作ワークショップ」
（2018年6月10日、あかし市民図書館）

第1章　電子出版活用型図書館プロジェクト

第1節

「電子出版活用型図書館プロジェクト」の総括

1. 電子出版活用型図書館プロジェクトの概要

「電子出版活用型図書館プロジェクト」(研究代表者：湯浅俊彦) は、2016 年度から 2018 年度までの 3 年間、立命館大学・日本文化デジタル・ヒューマニティーズ拠点の「研究拠点形成支援プログラム」として採択され、電子出版を活用した新たな図書館モデルを構築する研究を行ってきた。

従来の図書館サービスについて ICT を活用することによって高度化し、図書館利用者の立場を重視した具体的なサービスの実用化に向けた「課題解決型リサーチ」を行うことがその目的である。

具体的な取り組みとしては、公共図書館において電子書籍、電子雑誌、データベースなどを活用し、レファレンスサービスの高度化をめざすディスカバリーサービスの導入、音声読み上げ機能を有する電子書籍による視覚障害等を有する利用者への資料提供サービス、多言語対応電子書籍による日本語を母語としない外国人を対象とした多文化サービス、子ども向けのデジタル絵本の製作ワークショップの開催、さらに学校図書館への電子図書館サービスの導入など多岐にわたる。

2. ディスカバリーサービス

学術情報流通の世界では、学術雑誌の電子化により紙媒体での発行がなくなる事例に見られるように、デジタルコンテンツが学術情報の主流となっている。すでに大学図書館ではこれまでの所蔵資料だけでなく、図書館内外のさまざまな情報資源（電子ジャーナル、電子書籍、商用データベース、その他のさまざ

まなデジタルアーカイブ）から膨大な量のメタデータを収集して搭載し、それらのデータを単一のインターフェースで検索・閲覧可能にする「ウェブスケール・ディスカバリー・サービス（Web Scale Discovery Service ＝ WDS）」を利用者に提供している。

　ところが日本国内の公共図書館においては電子書籍貸出サービスの導入館でさえ、きわめて少ないのが現状である。そこで、ディスカバリーサービスを公共図書館に導入することによって電子書籍や新聞記事データベース等の利用が活性化することを示し、レファレンスサービスの高度化をめざす研究に取り組んだ。

　詳しくは「第 2 章　電子出版活用型図書館プロジェクトの可能性―ディスカバリーサービスを中心に」で述べるが、本プロジェクトが開始された 2017 年 6 月から公共図書館向けディスカバリーサービスを国内 11 館で提供する実証実験を行い、2017 年 10 月の中間報告会、2018 年 3 月の最終報告会を経て、2018 年 4 月に日本国内の公共図書館で初めてのディスカバリーサービスが長崎市立図書館で導入されるという成果を得た。今後は導入館数の拡大とともに、それぞれの公共図書館の特性に合わせた利用者サービス行うことが重要である。

　また、2018 年 11 月 30 日、キャンパスプラザ京都第 1 講習室（立命館大学）にて、立命館大学、EBSCO、青空文庫のミーティングが開催され、EBSCO のディスカバリーサービス（EBSCO Discovery Service：EDS）で青空文庫が検索できるようにすること、青空文庫を EBSCO の電子書籍として利用者に提供することの 2 点について合意するに至った。この合意により、EDS を導入している大学図書館や公共図書館で青空文庫の全文が検索対象となり、さまざまな主題や地域情報の検索結果に青空文庫の本文が現れ、意外な "発見" を可能とする新しいサービスが展開されることになった。

　このように電子出版を活用した電子図書館サービスがもたらすものは、伝統的な図書館学的世界から "電子図書館学" 的世界への大きな転換である。日本目録規則では小説などの文学作品や芸術作品などには、「一般件名」を与えないために、主題から探すことができなかった。一方、ディスカバリーサービスでは、著作物の本文やさまざまなデジタルアーカイブが検索対象となり、主題を示すキーワードを入力することによって、その主題に関連する箇所を検索す

■ 第1章　電子出版活用型図書館プロジェクト

ることが可能となる。

3．障害者サービス

　2016年4月に施行された「障害者差別解消法」によって保障された、視覚障害等を有する図書館利用者の読書アクセシビリティの確保をめざす取り組みが、図書館の障害者サービスにとって喫緊の課題となっている。

　すでに立命館大学・大日本印刷・図書館流通センター・日本ユニシス・ボイジャーによる共同研究「音声読み上げ機能を活用した公共図書館における電子書籍貸出サービス」が兵庫県・三田市立図書館において2016年4月に実現した[1]。それ以降、2018年7月1日現在、42自治体131館にまで広がっている[2]。

　今後は全国の公共図書館に音声読み上げ機能を有した電子書籍貸出サービスの導入を図るとともに、地方公共団体が著作権者になっている刊行物をテキストデータ化し、ディスカバリーサービスによって発見されやすくし、これをPC、タブレット端末、スマートフォンなどの音声読み上げ機能を用いて"聴く"ことができるようにすることが重要である。

　このことは視覚障害者だけではなく、ディスレクシア[3]などの発達障害者、あるいは日本語を母語としない外国人、さらには指先で図書のページをめくりにくい状態にある人などさまざまな「読書困難者」にも有効であろう。出版マーケットの拡大という意味では、運転中や料理中などでも、小説やレシピが読み上げられることによって、著作物を利用することが可能になるであろう。

　つまり社会福祉としての障害者サービスではなく、図書館や出版社は印刷物のままでは著作物が利用できない人々に対してプリント・ディスアビリティを解消する義務を負っており、そのためには電子書籍などのICTを活用したサービスが提供されなければならないという発想の転換が必要なのである。従来の障害者サービスのように利用者側に障害があると考えるのではなく、提供

* 1　湯浅俊彦『大学生が考えたこれからの出版と図書館―立命館大学文学部　湯浅ゼミの軌跡』出版メディアパル、2017、pp.19-21
* 2　2018年7月1日現在、図書館流通センターへの取材による。
* 3　日本ディスレクシア協会による「ディスレクシア」の定義は、「通常、会話（話し言葉の理解や表現）は普通にでき、知的にも標準域にありながら、文字情報の処理（読み書き）がうまくいかない状態」となっている。https://jdyslexia.com/information/dyslexia.html（引用日：2018-12-25）

10

者側の"障害"が利用を阻んでいるという認識を図書館や出版社が持つことが
重要である。

4. 多文化サービス

　多文化サービスとは、日本語を母語としない外国人を対象に、その知る自
由、読む権利、学ぶ権利を資料・情報の提供によって保障していくための図書
館活動である。日本の図書館における多文化サービスは、決して積極的に行わ
れているとはいえない現状にある。そこで本プロジェクトにおいて、電子出版
を活用した新しい多文化サービスの可能性を探求してきた。
　2017年10月16日、浜松市立中央図書館において、浜松市立図書館、楽
天、メディアドゥ、立命館大学「電子出版活用型図書館プロジェクト」メン
バーが会合を行い、11月8日にパシフィコ横浜で開催される「図書館総合展
2017」のメディアドゥ主催フォーラムにおいて、その共同開発の詳細を発表
することを決定した。
　そして2017年11月8日、「図書館総合展2017　メディアドゥ主催
フォーラム　電子図書館を活用した多文化サービス」では、田島由美子氏（楽
天OverDrive事業日本代表＝当時）、鈴木正仁氏（浜松市立中央図書館・館長）、筆
者の3名が登壇し、これからの取り組みについて発表を行った。そして、
2018年2月10日から浜松市がめざす多文化共生都市推進のために、外国語
図書が豊富な"Rakuten OverDrive"の「電子図書貸し出しサービス（試行）」
がスタートし、パソコン、タブレット端末、スマートフォンでの電子書籍が浜
松市立図書館で提供されることになった。
　2018年2月10日に実施された「平成29年度文化庁委託事業
BAYANIHAN—みんなで地域をつくっていこう」の公開講座「電子図書を『借
りる』—スマホ・タブレットを使って、浜松市の新サービスを利用してみよう」
（主催：NPO法人フィリピノナガイサ、協力：浜松市立中央図書館、会場：浜松市南
部協働センター）では、集まったフィリピン人の親子49名が図書館の利用者
登録の後、スマートフォンやタブレット端末で多言語対応の電子書籍を実際に
借りて読み、浜松市在住のフィリピン人から高い評価を得たのである[4]。

---

[4]　湯浅俊彦『ICTを活用した出版と図書館の未来—立命館大学文学部のアクティブラーニング』
出版メディアパル、2018、pp.14-17

第1章　電子出版活用型図書館プロジェクト

　今後もとりわけ定住外国人の多い地域の公共図書館に多言語対応の電子書籍
貸出サービスを利用者に提供することによって、日本語を母語としない外国人
を対象に、その知る自由、読む権利、学ぶ権利を、資料・情報の提供によって
保障していくための図書館活動を行っていく必要がある。
　2018年10月24日、図書館流通センターは以下のようなプレスリリース
を行った。

　　　　株式会社図書館流通センター（代表：石井昭　東京都文京区　以下:TRC）
　　は、スイスのビブリオテカ社と提携し、同社の150万タイトルを超える
　　洋書の電子書籍を全国の公共図書館、学校図書館に提供することに基本合
　　意しました。
　　　TRCが推進する電子図書館サービスは、2018年9月現在で63自治体
　　（220館）の公共図書館に導入されています。昨今では2020年の学習指
　　導要領改訂に伴い、学校図書館から英語の本の要望が増加。また公共図書
　　館では、工場立地等で英語圏外の外国人住民が多い自治体から多言語の絵
　　本や児童書の問合せが増えるなど、“電子化された洋書の提供”について
　　要望が高まっていました。

　この提携により、楽天OverDriveに続き、図書館流通センターが提供する電
子図書館サービス「TRC-DL」にも多言語対応電子書籍が搭載可能となり、日本
の公共図書館における多文化サービスが進展する可能性が高まったといえよう。

5.　デジタル絵本制作ワークショップの開催
　電子書籍は読むだけではなく、制作することも楽しい。そのようなコンセプ
トで開始されたのが「デジタル絵本制作ワークショップ」である。
　もともと、この取り組みは立命館大学IRIS（電子書籍普及に伴う読書アクセシ
ビリティの総合的研究）のプロジェクトとして、池下花恵・専門研究員（当時。
現在は相模女子大学学芸学部・メディア情報学科准教授）が大阪府吹田市にあった
雑貨屋「YogiYogi」で開始した展示から始まった。
　池下花恵氏は2014年2月9日〜3月2日、「YogiYogiの『小さな小さな絵
本村』」と題して、iPad、iPod、Nexus、Miixの4種のデバイスを展示、絵本『こ

12

第 1 節 「電子出版活用型図書館プロジェクト」の総括

れ魔法かな』(まえださくら作・絵)の音声読み上げ付きデジタル絵本を来店する利用者に提供した。これが「弱視の子どもも利用できた」と好評であったため、以降、2014 年 10 月〜11 月、2015 年 1 月〜3 月に大阪府茨木市に移転した「YogiYogi」で「デジタル絵本制作ワークショップ」を行った。

とりわけ 2015 年 3 月 5 日に開催されたワークショップ「デジタル絵本の可能性」では、「NPO 法人 弱視の子どもたちに絵本を」の田中加津代代表と 2 人で紙や布を使った絵本と iPad によるデジタル絵本を実演しながら、双方の特徴についてディスカッションを行っている。また、2015 年 3 月 25 日には「電子絵本のお話会と体験会」(大阪府立中央図書館こども資料室)などを開催した。

このように、デジタル絵本について積極的な活動を続けている池下花恵氏を招聘し、2018 年 6 月 10 日に「親子で作って楽しもう！デジタル絵本制作ワークショップ」(**写真 1-1-1**、主催：あかし市民図書館、立命館大学「電子出版活用型図書館プロジェクト」)をあかし市民図書館において開催した。あかし市民図書館内のポスターや HP による広報を行い、事前に申し込みを受け付け、幼稚園年長から小学生まで先着 8 組を対象にあらかじめ「BookCreator」というデジタル絵本制作のアプリをインストールした iPad を参加者に配布し、13 時 30 分より制作の説明、14 時頃より親子で実際の制作、そして 15 時 10 分から子どもたちが制作したデジタル絵本の発表会を行い、会場は大きな笑いに包まれた。

写真1-1-1　「親子で作って楽しもう！デジタル絵本制作ワークショップ」
(左側が池下花恵氏、右側が筆者、2018年6月10日、あかし市民図書館)

13

■ 第1章　電子出版活用型図書館プロジェクト

図1-1-1　「明石市電子図書館」公開されているデジタル絵本制作ワークショップ作品
https://www.d-library.jp/akashi/g0101/top/（引用日：2018-12-29）

　初めてにもかかわらず、デジタル絵本をつくることに子どもたちはすぐに夢中になっていた。参加者の年齢構成は、4歳1名、5歳2名、7歳2名、9歳2名、10歳1名と、それぞれの保護者であった。
　その後、数日を経て、「明石市電子図書館」にその作品はアップロードされ、利用者カードを持たない人たちにも広く一般公開されている（**図1-1-1**）。

6. 学校図書館への電子図書館サービスの導入
　すでに日本電子図書館サービスが提供する電子図書館「LibrariE」は、学校図書館への導入事例が増加しつつある。「LibrariE」については電子出版活用型図書館プロジェクトとしても、2018年度は6月に関西創価高等学校、7月に芝浦工業大学附属高等学校を訪問し、利用状況調査を行い、8月には立命館宇治中学校高等学校への「LibrariE」説明会の開催、11月に京都聖母学院高等学校での英語多読タイトルの実証実験を行うなど、積極的に取り組んできた。詳しくは、第2節を参照していただきたい。

第2節　電子書籍を活用する学校教育

第2節

電子書籍を活用する学校教育

（初出：『教育新聞』2018年6月21日〜7月30日全10回連載「電子書籍を活用する学校教育─LibrariEの可能性」。なお表記を一部改めた）

1.　電子書籍を活用する学校教育事例研究

［1］学校図書館に電子書籍を導入する

　今日の学校教育において重要なことは、デジタル・ネットワーク社会に対応した教育実践を行っていくことである。それは単にデジタル教科書やデジタル教材、電子黒板やタブレット端末といったツールを使いこなすということだけではなく、むしろ社会全体の構造的な変化に伴い、知識情報基盤そのものが変容したことを理解する必要がある。

　つまり、体系的な知識を学び、論理的思考力を養うだけではなく、解が複数ある問いを考え抜くことや、他者とのディベートやプレゼンを行い、批判的に考える力（クリティカルシンキング）を鍛えることが重要になってくるのである。教室で先生の言うことを拝聴するだけの授業ではなく、生徒自身がさまざまな情報資源を利用してアクティブラーニング（能動的学修）を行うことこそが目的となってくる。

　これまで「読書センター」と位置づけられていた学校図書館に、「学習センター」や「情報センター」としての機能が求められるようになってきたのも、まさにそうした変化の現れである。しかし、本来は学校図書館が「教育課程」に寄与することは当然のことであろう。なぜなら「学校図書館法」第2条に「図書、視覚聴覚教育の資料その他学校教育に必要な資料を収集し、整理し、及び保存し、これを児童又は生徒及び教員の利用に供することによって、学校の教育課程の展開に寄与する」と法で定められているからである。

　それではデジタル・ネットワーク社会に対応するために、これからの学校図

15

■ 第1章　電子出版活用型図書館プロジェクト

図1-2-1　日本電子図書館サービス「LibrariE」トップページ
https://www.jdls.co.jp/（引用日：2018-12-26）

書館は具体的にどのようなことを行う必要があるのだろうか。

　例えば、文部科学省「高等学校学習指導要領の全部を改正する告示等の公示について（通知）」（2018年3月30日）では、「学校図書館の充実や指導体制、学校施設・設備、ICT環境の整備など教材や教育環境の整備・充実を図ること」を明記している。

　そこで本稿では、電子図書館システム「LibrariE」を導入した学校図書館の事例を示しながら、生徒が著作物を利用し、新たな知見を生み出し、継承していくことの重要性について考えてみたい。

　LibrariEとは、株式会社日本電子図書館サービスが提供する電子図書館サービスである（図1-2-1）。2018年4月20日現在、取扱いコンテンツ数は3万1千点、導入館は60館で、その内訳は大学図書館20館、学校図書館17館、公共図書館23館（提携先の図書館流通センターが提供する電子図書館サービスであるTRC-DLへのコンテンツ供給館を含む）となっている。

　筆者がその実態を知るために訪れた日本体育大学柏高等学校では、じつに活発に利用されている状況であることが分かった。

［2］学校に電子図書館サービスを導入する

　日本体育大学柏高等学校では、2016年2月よりトライアル、4月より契約を行って電子図書館サービス「LibrariE」を導入し、「Nittaidai Kashiwa Digital Library」として電子書籍を提供、生徒の学びに直結するさまざまな取り組み

第 2 節　電子書籍を活用する学校教育

を行っている（**図 1-2-2**）。

　筆者は、学校図書館における電子図書館サービス導入実態調査のために同校を訪問し、沖田綾子司書から電子図書館の利用状況、授業との連携、図書館活用の変化について詳しくお話をうかがうことができた。

　日本体育大学柏高等学校の 2017 年度の生徒数は 1 学年 426 名、2 学年 517 名、3 学年 454 名の合計 1397 名で、男女比は男子 810 名、女子 587 名（2018 年 3 月 23 日時点）。学校図書館であるメディアセンターは蔵書数 3 万 3109 冊、視聴覚資料 802 点、閲覧席 68 席、PC 台数 41 台、利用規定では 1 人 10 冊 2 週間の貸出サービスを行っている。

　電子図書館「Nittaidai Kashiwa Digital Library」のコンテンツ数は 2018 年 3 月時点で、購入している商業コンテンツ 922 タイトル、独自資料 147 タイトルであり、選書の優先順で①小説、②受験・資格検定、③授業関連という内訳となっている。また 1 人 10 冊 2 週間の貸出サービスと、紙媒体と同様の利用規定である。

　重要なことは、利用者端末として全生徒が iPad mini、全職員が iPad Pro を携帯し、Wi-Fi 環境が校舎内全域に提供されていることである。図書館に何台かの iPad が置かれているのではなく、全生徒が利用者端末を携帯し、Wi-Fi 環境があるというインフラが整備されることによって、電子図書館の利用は「朝読」、休み時間、昼休みというように学校外より学校内にいる時間帯に多くなっている。

図1-2-2　日本体育大学柏高等学校メディアセンターHP「Nittaidai Kashiwa Dgital Library」
　　　　　http://library-nittai-k.main.jp/（引用日：2018-12-26）

■ 第1章　電子出版活用型図書館プロジェクト

　それでは、電子図書館サービスが導入されることで、これまで紙媒体の図書館資料の提供をしていた図書館の利用者サービスがどのように変わったのであろうか。

　特徴的な変化は次の3点ではないかと、インタビューを行った筆者は感じた。

　第1に、大学センター入試の過去問や、進路指導部が発行している進路指導要綱である『未来を拓く』などが電子書籍化されたことで、その利用が顕著に増えたこと。

　第2に、授業との連携が増え、例えば洋書の多読を進めたい英語の先生からの要請でオックスフォード大学出版局の洋書タイトルが紙媒体だけでなく、電子版も相当数提供され、大学入試の変化にも対応し、実際に生徒に活用されていること。

　第3に、授業で図書館を使った調べ学習を行う場合、例えば、気になる国を選んでレポートを課す地理の授業では従来は紙媒体の『地球の歩き方』を使っていたが、今では主に電子版を使い、その貸出回数が増えて「ジャンル別貸出内訳」に反映していること。

　もちろん電子図書館が提供するコンテンツのうち小説作品も数多く生徒に読まれているのだが、進路指導部の独自資料のような新しいタイプの電子書籍、あるいは紙媒体よりも簡便に使える英語の多読としての電子書籍や調べるための電子書籍の使われ方など、電子メディアを柔軟に使いこなす新たなリテラシーが日本体育大学柏高等学校では生まれつつあるように思えたのである。

［3］アクティブラーニングと学校図書館司書

　日本体育大学柏高等学校が電子図書館サービス「LibrariE」（図1-2-3）を導入した事例を調査して、まず何よりも驚いたのは、リアル図書館である「メディアセンター」よりも、電子図書館である「Nittaidai Kashiwa Digital Library」の方が貸出冊数や貸出人数においてその数字が上回ったということである。

　沖田綾子司書から提供していただいた直近の数字、すなわち2018年4月から5月までの2か月間の利用統計では、メディアセンターの貸出回数は146回（教員47回、生徒99回）であるのに対して、電子図書館の貸出回数は539回（教員14回、生徒525回）となっており、リアル図書館よりも電子図

18

書館の方が3倍以上の資料貸出が行われている。

またメディアセンターの貸出人数35人（教員9人、生徒26人）に対して、電子図書館は200人（教員6人、生徒194人）と、リアル図書館より電子図書館を使う利用者が6倍近くも多い結果となっている。

この背景には電子図書館サービスを定着させるための積極的な取り組みがあると考えられる。日本体育大学柏高等学校では、2018年度は5月30日までに1学年全クラスを対象とした「LibrariE」と「メディアセンター」（学校図書館）のオリエンテーションを終了しており、2017年度よりも早い時期に電子図書館サービスの周知徹底を図ったとのことである。

2016年4月の導入以降の経過を見ると、2016年度の合計貸出回数が493回（教員131人、生徒362人）であったのが、2017年度には1454回（教員83人、生徒1371人）と増加し、2018年度はすでに4月から5月までの2か月間で539回と激増している。

その要因は、次の4点であることが今回の取材を通して明らかになった。

第1に、オリエンテーションやポスターによる電子図書館サービスの広報活動を積極的に行っていること。

図1-2-3　2018年度から日本体育大学柏高等学校の全クラスに掲示している電子図書館ポスター

第1章　電子出版活用型図書館プロジェクト

　第2に、短い周期で更新される電子図書館サイトをめざし、とりわけトップページの本の紹介の仕方を工夫していること。

　第3に、部活動が忙しいなど、メディアセンターに行きにくい生徒でも使えるなど、電子図書館のメリットが浸透してきていること。

　第4に、前年度の朝読書での利用率が顕著に見られたことから、学校全体で朝読書が見直されてきたこと、各学年やコースで推薦図書が明確になり、生徒へコンテンツの提供が的確にされてきていること。

　近年、生徒全員がタブレット端末やPCといったデバイスを持ち、ICTを活用した教育を試行する学校が増えてきたが、全国的に見ると電子書籍を利用する学校はまだ少ないのが現状である。そのような状況下、日本体育大学柏高等学校の電子図書館サービスの導入事例は、アクティブラーニングに向けた学校教育に新しい潮流をもたらすものだろう。

　つまり、学校図書館司書が新しい情報技術を用いて、積極的に授業支援することの重要性を示していると考えられるのである。

[4] 人々の情報行動の変化と学校教育

　日本体育大学柏高等学校が電子図書館サービス「LibrariE」を導入した事例から、学校図書館司書が積極的にアクティブラーニングを支援することの意義が見えてきたが、ここで重要なことは、学校教育と社会における人々の情報行動の変化をどのように位置づけるかということである。

　結論から言えば、学校は社会におけるさまざまな変化とは別に、まるでタイムカプセルのように時代を超越して存在しているわけではなく、社会の動向と密接につながり、とりわけ今日ではICTスキルを学ぶ場でもあるということである。

　2017年11月8日、図書館界最大のイベントである「図書館総合展2017」（会場：パシフィコ横浜）において、筆者がコーディネーターとなり、フォーラム「LibrariE（ライブラリエ）がつくるこれからの電子図書館―学校図書館、大学図書館、公共図書館　現場からのレポート」（主催：日本電子図書館サービス）が開催された。このフォーラムでは、すでに述べた日本体育大学柏高等学校の沖田綾子・司書教諭（当時。2018年度は学校図書館司書）のほかに、武庫川女子大学附属図書館の川崎安子・図書課長、あかし市民図書館の志水千尋・館長にご登壇いただき、電子図書館サービス「LibrariE」が新たな利用者サービスをど

20

のようにつくり出しているかについて報告していただいた（**写真1-2-1**）。

　武庫川女子大学では、2017年7月より学内や学生の自宅にあるPC、スマートフォン、タブレット端末を利用して、資格試験の関連書や文芸書をはじめ、ベストセラーや新刊も含まれる電子書籍の検索・貸出・閲覧・返却を行う実証実験を開始し、読書機会を増やすことと、紙の本の購買へのつながりを考えた取り組みが行われている。

　また、あかし市民図書館では、図書館流通センターの電子図書館サービス「TRC-DL」を導入していたが、2016年10月に図書館流通センターと日本電子図書館サービスが資本提携し、「LibrariE」と統合されたことから、電子図書館サービスの大きな課題であったコンテンツ数の問題に進展が見られ、多くの市民に電子書籍が活用されている。

　このように高等学校、大学、そして社会人という人々のライフサイクルの中で、「紙」と「電子」をうまく使い分けながら、いつでも著作物が利用できる環境を創出していくことがこれからの図書館には求められているのである。つまり、高校では電子書籍が使えたのに大学では使えない、大学では使えたのに社会人になると使えない、ということがないように、電子書籍をシームレスに使える環境を整備し、それが人々の情報行動のインフラになっていくという認識が重要なのである。

　電子図書館サービスは著作物利用の活性化を通して学校と社会をつなぐ、まさに新たな知の還流構造を生み出しているのである。

写真1-2-1　沖田綾子氏講演「学校図書館とLibrariE」（図書館総合展「LibrariEがつくるこれからの電子図書館」フォーラム、2017年11月8日、パシフィコ横浜）

■ 第1章　電子出版活用型図書館プロジェクト

［5］関西創価中学校・高等学校「万葉図書館」の事例

　関西創価高等学校は 2017 年 4 月、関西地区の高等学校として初めて電子図書館サービス「LibrariE」を導入し、「Man'yo Digital Library」として 1055名の生徒に電子書籍を提供している（**図 1-2-4**）。

　筆者は、2018 年 6 月に関西創価中学校・高等学校「万葉図書館」の砂口浩美司書にインタビュー調査をお願いし、詳しくお話をうかがうことができた。

　関西創価高等学校のクラス編成は 1 学年から 3 学年までそれぞれ 8 クラス約 45 名ずつで、男女比はほぼ同率。同じ敷地内に中学校もあるが、電子図書館サービスは現在、主に高等学校の生徒に提供されている。中学校・高等学校の図書館である「万葉図書館」は、視聴覚資料を含む蔵書数約 10 万冊と充実しており、閲覧席が 1 階 80 席、2 階 46 席の 126 席、PC 台数 30 台、利用規定では 1 人 5 冊 2 週間の貸出サービスを行っている。

　電子図書館「Man'yo Digital Library」のコンテンツ数は 2017 年 4 月の導入時に約 300 タイトルだったが、2018 年 6 月時点では購入している商業コンテンツ 350 タイトルに増え、独自資料も 34 タイトルとなっている。独自資料の内訳は「生徒会誌」32 点と「愛唱歌集」2 点である。

　利用者端末については、Wi-Fi 対応の HUAWEI（ファーウェイ）の MediaPadを 2016 年 12 月より高校 2 年生全員、2017 年 4 月より高校生全員が 1 人 1台持っているが、9 割近くの生徒が学校からの貸与の方法を選択している。

　今回のインタビュー調査によって、電子図書館サービスの導入によって、次のような変化がもたらされていることが明らかになった。

　第 1 に、授業の中で図書の活用が積極的に行われていることである。例えば、高校 1 年生の英語の授業では電子図書館サービスが紹介され、350 タイトルのうち 150 タイトルが英語のコンテンツであるため、生徒たちには多読用のペーパーバックが大人気である。また、国語の授業では電子図書館の文学作品が使われている。

　第 2 に、これまで図書館を使いにくかった生徒たちに図書が利用されるようになったことである。リアルな図書館である「万葉図書館」は 17 時 30 分まで開館しているが、クラブ活動をしていて図書館に来ることが困難な生徒たちもいる。そこで野球部の監督が電子図書館の活用を推薦してくれるなどして、例えば「身体を鍛える」といったテーマの電子書籍を生徒が借りるように

22

第2節　電子書籍を活用する学校教育

図1-2-4　関西創価中学校・高等学校　万葉図書館「Man'yo Digital Library」
トップページ（画像提供：万葉図書館）

なっているのである。

　第3に、生徒たちは一日の生活の中で自由に図書を利用できるようになったことである。よく使われている利用時間帯を見ると、自宅では20時から21時頃に電子図書館を利用して、電子書籍を読み、また学校では「朝読」や昼休みにも利用している。

　このように電子図書館サービスは、生徒の読書活動を推進・支援する「万葉図書館」の活動の可能性を拡げるものとして定着しつつあると言えるだろう。

[6] 学校が電子書籍をプロデュースする

　関西創価高等学校は、文部科学省が高等学校における教育を通して将来、国際的に活躍できるグローバルリーダーの育成を図ることを目的として支援している「スーパーグローバルハイスクール」（SGH）の指定校として2015年に選出され、「教科で習得した学びを課題解決に役立てている」等の高い評価を得て、SGH56校の最高評価を獲得している学校である。

　電子図書館サービスを導入した理由について、硲口浩美司書はインタビューの中で（**写真1-2-2**）、「英語の資料をいつでもどこでも読むことができる」こ

とを挙げておられた。英語の多読用資料、検定本（英検）、そして文学作品に関しては、特に生徒の利用が多いとのことであった。

また、プラン・インターナショナルが主催する国際的なコンクールであり、次世代を担う中高生に、読書を通じて過酷な環境に置かれている女の子や女性たちの声を発信する機会となることをめざす「夏休み読書感想文コンクール」（後援：文部科学省、外務省ほか）では、関西創価中学校の生徒たちが挑戦し、学校賞や個人の最優秀賞などで入賞している。今後、その課題図書が電子書籍になっていれば大変便利なので、日本電子図書館サービスに相談してみたいと話されていたのが印象的であった。

電子図書館サービスの黎明期には、出版社が電子化するタイトルは紙媒体での売れ行きが落ちてしまった既刊本が多いのが実情であった。ところが近年では、新刊発売とほぼ同時に電子書籍が刊行されるケースが増えてきた。また、利用者側が出版社や電子書店に対して、電子化を要望するという傾向も見られるようになってきた。いわば川上から細々と供給されていた状況に対して、川下である利用者から熱い要望が生まれ始めているのである。

一方、商業的な出版コンテンツだけでなく、関西創価高校の場合は2018年7月に「読書のススメ」コーナーとして、図書館からの図書案内「図書館通信」のデジタル冊子、夏休みの推薦図書を先生方が紹介する「夏イチ本」のデジタル冊子をそれぞれ制作し、「Man'yo Digital Library」にアップロードしている。

写真1-2-2　関西創価学園「万葉図書館」硲口浩美司書（左）への筆者によるインタビュー
（2018年6月11日）

第2節 電子書籍を活用する学校教育

このように、「電子図書館サービス」を導入するということは、決して、紙の本を電子化して読むということにとどまらず、商業出版物や非商業出版物、図書と雑誌といった長年私たちが慣れ親しんできた紙媒体を前提とした出版流通システムや出版メディアそのものを変革し、学校教育の中でいかに新しい知識情報基盤を構築し、生徒たちがそれを利用し、新たな知見を生み出していくかというプロセスに学校が当事者としてかかわっていくことを示していると言ってよいだろう。

関西創価高等学校の電子図書館活用の試みはこれからも生徒主体の図書館サービスとして発展していくに違いない。

［7］ 紙も電子も使える学校図書館へ

学校図書館が電子書籍等の電子資料をあえて利用しないということは、デジタル・ネットワーク社会の今日、きわめて重要な情報源を最初から無視することになる。例えば近年、文学作品の電子化が進んでいるが、作家の個人全集については紙媒体で刊行することがコスト的に困難になっており、電子版しかないという事態が起きているのである。

2010年6月に電子書籍として刊行が始まった『小田実全集』（小学館）は、2014年5月に4年の歳月をかけて完結したが、収録作品の半数以上が絶版であったため、作家の集大成が電子書籍により蘇ったと言えるだろう。『小田実全集』の場合は、電子書籍版とオンデマンド版を同時出版するという日本の出版業界では初めての試みであった。オンデマンド版とは、あらかじめ紙媒体の本を印刷して販売するのではなく、需要に応じて（on demand）、つまり注文があれば紙媒体の全集を印刷し、提供するものである（オンデマンド版は、2018年4月末日で終了）。

2013年5月から『開高健電子全集』全20巻（小学館）が、各巻に生原稿や当時の担当編集者の解説が付けられ配信開始、2018年2月には『開高健電子全集完結記念写真集　誰も見たことのない開高健』（企画・文・構成／滝田誠一郎、小学館）が世に問われた。また、2012年10月から刊行が開始された『三浦綾子電子全集』（小学館）の場合、三浦綾子記念文学館所有の秘蔵写真、夫である三浦光世氏が見た創作秘話など、多くの巻に追加編集の項目が入っており、紙媒体をそのまま電子化しただけではない。

第 1 章　電子出版活用型図書館プロジェクト

　開高健は 1989 年、三浦綾子は 1999 年、小田実は 2007 年にそれぞれ亡くなっており、すでに紙媒体では『開高健全集』全 22 巻（新潮社、1991 年 11 月〜1993 年 9 月）、『三浦綾子全集』全 20 巻（主婦の友社、1991 年 7 月〜1993 年 4 月）などが刊行されているが、小田実の場合は主要な著作を網羅する初の本格的な個人全集である。

　このように、作家が亡くなり個人全集が企画される場合、紙媒体で刊行されることは今後きわめて稀なケースとなるだろう。なぜなら研究者などごく一部を除き、紙媒体の個人全集を購入する読者は少なく、図書館市場だけをターゲットに出版社が刊行できるほどの購買力を日本の図書館は持たないからである。

　『三浦綾子電子全集』は、札幌市図書館が「北海道旭川市出身の作家、三浦綾子の生誕 90 周年を記念し、全単独著作を電子書籍化した全集です」として、「札幌市電子図書館」において札幌市民に提供している（図 1-2-5）。仮に郷土作家の電子全集が刊行された場合、それを生徒に提供できる学校図書館はどれだけあるだろうか。

　電子も紙も、著作物を利用者に提供する重要なメディアであるという認識を学校教育の中に根づかせなければ、学校図書館は「情報センター」ではなく、「正倉院」になることだろう。

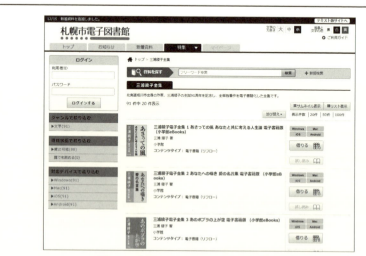

図1-2-5　札幌市電子図書館「三浦綾子電子全集」
https://www.d-library.jp/sapporolib/g0108/hotlist/?hid=18　（引用日：2018-12-26）

［8］芝浦工業大学附属中学高等学校の事例

芝浦工業大学附属中学高等学校は 2017 年 4 月、東京都江東区豊洲の新校舎設立に伴い、タブレット型 PC「S-Tab」を生徒・教職員全員が持ち、このデバイスを活用して電子図書館サービス「LibrariE」（図 1-2-6）を導入することになった。

筆者は、2018 年 7 月に同校を訪問し、大坪隆明校長、佐藤真也事務長、そして図書館を委託運営する紀伊國屋書店の担当者の方から詳しくお話をうかがうことができた。

芝浦工業大学附属中学高等学校は、2018 年 4 月 1 日時点で中学校 13 クラス 509 名、高等学校 18 クラス 618 名、そのうち女子生徒は 35 名（高校のみ）という理工系進学をめざす学校である。明るく開放感のある図書館には 5 万冊の蔵書があり、電子書籍だけでなく、新聞、百科事典のデータベースも導入され、また調べ学習用の iPad も図書館に置かれている。

電子書籍導入時のコンテンツ数は 118 タイトル、2018 年 6 月時点では 129 タイトルであり、すべて商業コンテンツである。

図1-2-6　芝浦工業大学附属中学高等学校「Digital Library」トップページ
（画像提供：芝浦工業大学附属中学高等学校）

また、利用されているジャンルは、①英語多読、②小説、③児童小説、④漫画、⑤旅行本、⑥占い、⑦天文学・宇宙科学、⑧生物化学・一般生物学、⑨心理学、⑩料理本、の順となっている。また、利用されている時間帯は、①自宅（21〜22時）、②放課後（16〜17時）、③朝（8〜9時）、④休み時間（14〜15時）、⑤昼休み（12〜13時）、の順となっている。

　今回のインタビュー調査によって、電子図書館サービスの導入によって、次のような変化がもたらされていることが明らかになった。

　第1に、生徒が電子図書館サービスにログインする回数が、18時以降の学外にいる時間帯が40％弱と高い数値を示しており、24時間利用できるという利点が大きいこと。

　第2に、返却期限日が来ると自動的に返却がされるため、延滞や紛失の問題がなく、人気のある資料も予約者が期日どおりに借りることができ、運営面での手間も少なく、利用者の利便性が高いこと。

　第3に、選書は原則として紙媒体資料の選書基準に従っているが、紙媒体では積極的に購入をしていないコミックについても、名作のコミック版などのコンテンツを電子版で購入しており、人気のコンテンツの1つとなっていること。また、これまで紙媒体で購入をしていた海外教育旅行の調べ学習のための旅行ガイドも電子版で購入するようになったこと。

　このように電子図書館サービスの導入は、紙の本を駆逐してしまうのではなく、生徒たちが主体的に著作物を利用する新しい方法を生み出しているように思えるのである。

［9］電子図書館サービス導入校から学ぶこと

　日本の学校図書館における電子図書館サービスの現況について、「LibrariE」を導入している日本体育大学柏高等学校、関西創価中学校・高等学校、芝浦工業大学附属中学高等学校の事例を挙げて検証してきたが、これらの取り組みから学ぶことは次の3点である。

　第1に、学校としてICTを教育に積極的に活用しようという意欲があり、電子図書館サービスを導入する意義を明確にし、そのことが教員と図書館司書の間で共有されていることが最も重要であること。

　第2に、同じ電子図書館サービスを導入していてもその利用方法にはそれ

ぞれ特色があり、共通しているのは図書館司書と教師が連携し、授業や課外学習に役立つ利用方法をそれぞれの学校に合った方法で考えているということ。

第3に、従来の図書・雑誌を単に電子化しただけではなく、生徒がいつでもどこでも利用できる新たな情報資源として電子書籍を捉え、生徒が主体的に学習するツールとして活用していること。

ここで強調しておきたいことは、学校における図書館司書の役割が変化してきていることである。例えば、日本体育大学柏高等学校の図書館司書が積極的に行っている電子図書館トップページの短い周期での更新などは、これまでの紙媒体主流の学校図書館司書にはないICTスキルが必要であることを物語っている。

また、関西創価中学校・高等学校「万葉図書館」が「図書館通信」や夏休みの推薦図書を先生方が紹介する「夏イチ本」を電子書籍化して電子図書館にアップロードしているように、図書館資料の購入や契約だけでなく、学校独自のコンテンツをプロデュースすることも、電子図書館時代に学校図書館司書が担う新しい役割と言えるだろう。

一方、芝浦工業大学附属中学高等学校では図書館運営を紀伊國屋書店に委託することによって、紀伊國屋書店ICT営業本部電子書籍営業部の全面的なバックアップが期待できる環境を整備している（**写真1-2-3**）。

このように電子図書館を円滑に運営していくためには、ただシステムを導入すれば成果が得られるのではなく、利用者である生徒が実際に活用できる状況をつくり出していくことを第一の目的にしていくことが重要なのである。

写真1-2-3　芝浦工業大学附属中学高等学校・図書館（2018年7月2日、筆者撮影）

第1章　電子出版活用型図書館プロジェクト

　予算がない、人材がいないということを理由に電子図書館サービスの導入を
ためらうのは本末転倒である。文部科学省では「教育の情報化加速化プラン〜
ICT を活用した『次世代の学校・地域』の創生〜」(2016 年 7 月 29 日文部科学大
臣決定) を策定しているが、そこには次のように ICT 活用を位置づけている。
　「現代社会において、身の回りのものに ICT が活用されていたり、日々の情
報収集やコミュニケーション、生活上の必要な手続きなど、日常生活における
営みを、ICT を通じて行ったりすることが当たり前となっている中では、子供
たちには、ICT を受け身で捉えるのではなく、手段として積極的に活用してい
くことが求められている。」
　学校教育において電子図書館を活用することは、もはや必須と言ってもよい
だろう。

［10］電子資料が変える学校教育

　それでは、ここで改めて電子図書館サービス「LibrariE」の特徴を、日本電
子図書館サービスのホームページで確認しておこう。

　　　第 1 に、日本語タイトルの出版コンテンツの豊富さです。
　　　第 2 に、生徒がいつでも、どこでも利用できることです。365 日、24
　　時間利用可能で、スマートフォン、タブレット、PC など、どのようなデ
　　バイスでも利用可能です。
　　　第 3 に、紙媒体とは異なり、文字拡大・反転、自動ページ送り、音声読
　　み上げなど、アクセシブルな環境が提供できることです。
　　　第 4 に、クラウド型電子図書館サービスであるため、図書館内に電子
　　書籍サーバ等の設置が不要であり、システム運用の労力やコストの低減化
　　が図れることです。
　　　第 5 に、学校が独自に作成するさまざまな校内資料のポータルサイト
　　として活用できることです。

　すでに本稿でも紹介した武庫川女子大学では、司書課程科目「図書館サービ
ス概論」の受講生に「MWU 電子図書館」(Mukogawa Women's University
e-Library) から自分が推薦する電子書籍 1 冊を選んで、その POP を作成し、

これを図書館の玄関を入って正面の目立つところに70タイトル展示している（写真1-2-4）。

　図書館に来る学生はこのPOPにスマートフォンをかざして電子書籍の貸出サービスが受けられるため、タイトルによっては予約がつくほど多く借りられるようになり、2018年4月から6月だけでも、昨年度の利用者数を上回る貸出数2000件を突破したという（2018年6月27日現在、武庫川女子大学附属図書館・川崎安子図書課長に取材）。

　これは大学だけでなく、小学校、中学校、高等学校でも十分活用できる事例である。電子書籍で著作物を読むことが流行している学校は、ごく一部の読書好きしか読まない学校より、間違いなく図書館運営が成功していると言えるだろう。

　「学校図書館法」第2条にある「図書館資料」という概念は、印刷資料や非印刷資料だけでなく、電子書籍、デジタル雑誌、データベース、ネットワーク情報資源に拡大し、必ずしも「所蔵」を前提とせず、外部サーバへのアクセスによる「利用」という大きな転換期を迎えつつある。

　無料トライアルで電子図書館サービスの導入を検討することさえしない学校図書館は、小学生が選ぶ"こどもの本"総選挙の第1位の『ざんねんないきもの事典』風に言えば、『ざんねんな学校図書館事典』に掲載されてしまうの

写真1-2-4　武庫川女子大学「電子書籍の森」（図書紹介されているパネルにスマートフォンをかざせば電子書籍が借りられる。画像提供：武庫川女子大学附属図書館）

ではないだろうか。

　電子資料の活用は、生徒を変え、図書館を変え、学校を変え、これまでの学校教育が依拠していた知識情報基盤そのものを大きく変えていくのである。

　以上、第1章では筆者が立命館大学「電子出版活用型図書館プロジェクト」として取り組んできた2018年度の成果を、第1節と第2節とに分けて、ここまで紹介してきた。ここで重要なことは、大学の学部と大学院双方の授業内容にこの成果がフィードバックされ、研究活動がそのまま図書館司書課程の受講生、「専門演習」を履修するゼミ生、そして大学院生のアクティブラーニングと強く結びついていることである。

　実際にさまざまな実証実験やワークショップには学部学生や院生が参加するだけでなく、企画や運営も行う態勢を意図的につくってきた。このような主体的な学修は後に卒業論文や修士論文、さらには就職というそれぞれの成果となり、それがまた次の年度の新たな取り組みの出発点になっていく。このような還流構造を創造することが大学にとっても大きな力となっていくと考えられるのである。

第2章

電子出版活用型図書館プロジェクトの可能性
―ディスカバリーサービスを中心に

本章の内容

　電子出版を活用した新たな図書館モデルを構築することを目的として、2016年度から「立命館大学　日本文化デジタル・ヒューマニティーズ拠点研究拠点形成支援プログラム　電子出版活用型図書館プロジェクト」(研究代表者：湯浅俊彦) が始まっている。これは従来の図書館サービスをICTを活用することによって高度化し、図書館利用者の立場を重視したサービスの実用化に向けた「課題解決型リサーチ」を行うものである。

　本章では「研究ノート」として、このプロジェクトで取り組んでいる具体的事例のうち、公共図書館におけるレファレンスサービスの高度化をめざすディスカバリーサービス導入を中心に、その概要について報告を行う。

■ 第2章　電子出版活用型図書館プロジェクトの可能性

第1節

ディスカバリーサービスを中心に

（初出：『情報学 Journal of Informatics』15巻2号、2018、pp.182-190
「電子出版活用型図書館プロジェクトの可能性
―ディスカバリーサービスを中心に」）

1. はじめに

　電子出版を活用し新たな図書館サービスを行うという考え方は、1990 年代の「電子図書館研究会」（長尾真代表）においてすでに示されていた。1994 年に長尾真らが制作したビデオ『電子図書館 Ariadne（アリアドネ）』（電子図書館研究会、富士通、1994）の中では電子図書館を次のように定義づけている[1]。

（1）デジタル―すべての情報がデジタル化されている。
（2）ネットワーク―多くの図書館がネットワークで結ばれている。
（3）インタラクティブ―システムのやりとりにより、最適な情報を最適な形態で提供してくれる。
（4）マルチメディア―文字だけでなく、音、静止画、動画を含むマルチメディア情報を扱うことができる。
（5）スケーラブル―大規模図書館から個人図書館に至るまで、利用できる資源に応じて、さまざまな規模の図書館を構築できる。

　つまり、従来の紙媒体の資料だけでなく、デジタル化された情報を利用者に提供する機能を図書館が持つようになると想定されたのである。1994 年に制作されたこのビデオには、電子図書館研究会のメンバーとして、長尾真（京都大学）、原田勝（図書館情報大学）、石川徹也（図書館情報大学）、谷口敏夫（光華女子大学）、澤田芳郎（愛知教育大学）、高橋隆（京都大学）、北克一（大阪工大摂

＊1　図書としては、原田勝・田屋裕之編『電子図書館』（勁草書房、1999、p.2）に同じ記載がある。

第1節　ディスカバリーサービスを中心に

南大学）各氏の名前がクレジットされている（肩書はいずれも当時）。

　しかし、1990年代では商業出版物のほとんどは電子出版されておらず、電子図書館のコンテンツとして十分活用できる状況にはなかった。「電子図書館Ariadne」は、むしろ電子図書館の未来像をプロトタイプとして示したことに意義があったといえよう。

　電子出版を取りまく状況が大きく変わったのは、2010年代である。2010年3月、文部科学省、経済産業省、総務省の3省は、「デジタル・ネットワーク社会における出版物の利活用の推進に関する懇談会」の初会合を開催し、(1)「知の拡大再生産」の実現、(2) オープン型電子出版環境の実現、(3)「知のインフラ」へのアクセス環境の整備、(4) 利用者の安心、安全の確保、を行っていくための具体的施策が示されることとなった[2]。

　つまり、電子出版を国の政策の中に位置づける試みが、初めて本格的に取り組まれたのである。これを踏まえて、例えば文部科学省では2010年11月11日、文部科学副大臣名で「電子書籍の流通と利用の円滑化に関する検討会議」の設置が決定された。その第2回会合が2010年12月17日、文部科学省旧館において開催され、筆者は「公共図書館における電子書籍の利用の現状と課題」というテーマで発表を行った。

　この発表の中で筆者は、2007年に亡くなった作家の小田実の全集が2010年6月からPCとiPhone向けに電子書籍として全82巻で刊行が開始されたことを事例として挙げ、ボーン・デジタル出版物の増加に図書館はどのように対応するのかという問題提起を行った。

　この問題提起の背景には、2008年度に国立国会図書館の委嘱を受けて研究会を組織して調査研究を行い、2009年3月に電子書籍に関する本格的な調査研究リポートとして刊行された『電子書籍の流通・利用・保存に関する調査研究』（国立国会図書館・図書館調査研究リポート11）の調査結果がある[3]。

　研究会のメンバーは北克一・大阪市立大学創造都市研究科教授、中西秀彦・中西印刷株式会社専務取締役、萩野正昭・株式会社ボイジャー代表取締役（いず

---

[2]　「デジタル・ネットワーク社会における出版物の利活用の推進に関する懇談会　報告」(2010年6月28日) p.52　http://www.soumu.go.jp/main_content/000075191.pdf［確認：2018年9月10日］

[3]　国立国会図書館『電子書籍の流通・利用・保存に関する調査研究』（国立国会図書館・図書館調査研究リポート11) http://current.ndl.go.jp/report/no11［確認：2018年9月10日］

■ 第2章　電子出版活用型図書館プロジェクトの可能性

れも肩書は当時)、そして代表を務めた筆者の4名である。

　この調査では、国内の出版社、コンテンツプロバイダー、携帯電話キャリアに対するインタビュー調査(19社)、日本書籍出版協会と出版流通対策協議会に加盟しているすべての出版社を対象としたアンケート調査(回答社255社)、国立国会図書館の全職員にアンケート調査(回答者373名)を行った。その結果、電子書籍の刊行状況、閲覧するデバイスの変遷、利用の実態、そして電子書籍の長期保存の問題点などが明らかになった。特に資料保存の観点から、電子書籍の収集は図書館の重要な役割になると考えられるという結論を出したのである。

　つまり、対応する紙の書籍がない、いわゆるボーン・デジタルと呼ばれる出版コンテンツが爆発的に増えているにもかかわらず、その利用や保存が図書館では積極的に行われていない実態があったため、2010年12月に開催された第2回「電子書籍の流通と利用の円滑化に関する検討会議」において、筆者は特にこれを強調して取り上げたのである。

　これまでの公共図書館は紙媒体の資料を中心に収集、提供、保存を続けてきた。しかし、これでは紙媒体にならなければ著作物は図書館に収集されないことになる。電子書籍のような出版コンテンツに対する収集・提供をどのように行っていくのかが、今後の図書館の大きな課題であり、新たな挑戦が必要であるとしたのである。

　その後、筆者は大学教育における電子学術書実証実験に取り組み、受講生にiPadを配布し、テキストや参考書を電子書籍で提供し、電子出版をテーマにした取り組みを『デジタル環境下における出版ビジネスと図書館―ドキュメント「立命館大学文学部湯浅ゼミ」』(2014年、出版メディアパル)、『電子出版と電子図書館の最前線を創り出す―立命館大学文学部湯浅ゼミの挑戦』(2015年、出版メディアパル)、『デジタルが変える出版と図書館―立命館大学文学部湯浅ゼミの1年』(2016年、出版メディアパル)、『大学生が考えたこれからの出版と図書館―立命館大学文学部湯浅ゼミの軌跡』(2017年、出版メディアパル)、『ICTを活用した出版と図書館の未来―立命館大学文学部のアクティブラーニング』(2018年、出版メディアパル)という著作物として刊行してきた。

　一方、公共図書館における電子出版を活用した新たな取り組みを2014年頃から行ってきたが、2016年度からは立命館大学の研究拠点形成プログラムとして「電子出版活用型図書館プロジェクト」を開始したのである。具体的に

36

は、（1）障害者サービス、（2）多文化サービス、（3）児童サービス、（4）レファレンスサービスにおいて、紙媒体では実現できない電子媒体の特性を活かした手法を用いて、利用者が主体となる図書館サービスへの転換を図る実証実験を行い、実現するというものである。

電子図書館研究会がめざした電子図書館構想を、図書館利用者に向けた新たなサービスとしていかに具体化していくか。筆者が追求しようとするのは、出版コンテンツがデジタル化され、そのコンテンツを活用することによって図書館が課題解決型サービスを行うという今日的なテーマなのである。

本稿では、公共図書館におけるディスカバリーサービス導入を取り上げ、その可能性を検討する。

2. デジタル・ネットワーク社会における電子図書館のあり方
［1］「これからの図書館像」の実現

文部科学省が「これからの図書館の在り方検討協力者会議」による提言として、報告書『これからの図書館像－地域を支える情報拠点をめざして』を公表したのは 2006 年 4 月である。この報告書では、次の 4 点が「役に立つ図書館へと変わって行くために必要な機能」とされていた[4]。

(1) 従来の閲覧・貸出・リクエストサービス等を維持しつつ、新たな視点からの取り組みを実施（住民の生活、仕事、自治体行政、学校、産業など各分野の課題解決を支援する相談・情報提供の機能の強化）。

(2) 図書館のハイブリッド化―印刷資料とインターネット等を組み合わせた高度な情報提供。

(3) 学校との連携による青少年の読書活動の推進、行政・各種団体等との連携による相乗効果の発揮。

(4) これらの機能を発揮するために必要な図書館経営の改革。

この 4 点のうち、「図書館のハイブリッド化―印刷資料とインターネット等を組み合わせた高度な情報提供」では、具体的に次のような機能が列挙されている。

＊4　これからの図書館の在り方検討協力者会議「これからの図書館像～地域を支える情報拠点をめざして～報告」（2006 年 4 月）p.87「概要」 http://warp.ndl.go.jp/info:ndljp/pid/286794/www.mext.go.jp/b_menu/houdou/18/04/06032701/009.pdf ［確認：2018 年 9 月 10 日］

「パソコンの整備、ネットワークへの接続、商用データベースの活用、蔵書横断検索システムの整備、図書館のホームページの開設、e–ブックの活用」

ところが、この報告書で具体的に指摘されている e–ブックの活用は、多くの公共図書館では無視されたままであると言わざるを得ない。電子書籍貸出サービスは単に紙媒体の図書や雑誌が電子化されるだけではなく、電子化されたことによって本文からの検索が可能になり、利用者にとってこれまでの伝統的な図書館の目録や分類の方法では発見することが困難であった図書館資料が活用できることこそが重要なのである。

つまり、電子書籍等の電子資料が一定のコレクションとなり、その資料の内容そのものを統合的に検索できることにより、いわばデータベース的に活用できることがこれからの図書館には必要になってくると考えられるのである。

［2］情報機器の変化と検索型情報行動の進展

公共図書館は静かに本を読むところで、デジタル環境とは無縁と考える人々も存在するが、各種政府統計を見てもインターネットの利用率、パソコン、タブレット端末、スマートフォンといった各種デバイスの所有率など、客観的事実として人々の情報行動の変化は明らかであり、図書館もまたその変化に対応していく必要がある。

幼児から iPhone や iPad の動画サイトを見て暮らし、小学生ともなればタブレット端末を使った通信教育を利用し、公共図書館の電子書籍サービスが始まれば真っ先に利用するのは高齢者で、視覚に障害のある人たちがパソコンのスクリーンリーダー機能で「本」を聴いているのが現在の人々の情報行動の実態である。特に、小学校におけるプログラミング教育、中学校、高等学校、大学におけるタブレット端末やパソコンを利用するアクティブラーニングなど、ICT の利活用は今の世代にとっては喫緊の課題でもある。

つまり、人々の情報行動は「分からないことがあったら書店や図書館に足を運ぶ」のではなく、まずインターネットにより「検索」することが一般的であり、これはデジタル・ネットワーク社会において従来の紙媒体の図書や雑誌を中心とした知識情報基盤が、ICT 技術を活用することによって変化したと考える必要がある。この変化がまったく理解できなければ、公共図書館は時間が止まった「正倉院」となるしかないだろう。そして、電子書籍の提供のような電

子図書館サービスを「時期尚早」とする考え方からいずれ生まれて来るのは、電子資料に関して図書館は役に立たないとする「図書館不要論」だろう。

むしろ、「検索」の時代の中で、的確に典拠を示し、客観的事実として引用することができるような信頼に足る情報を、電子書籍、電子雑誌、データベース、インターネット情報資源などの電子資料から探索し、その資料を活用して次の新たな知見を生み出すために、大学図書館だけでなく、公共図書館においても利用者への電子図書館サービスの提供とその高度化を図る必要がある。つまり、グーグルがあれば図書館は不要と考えてしまうのは、情報の精度や質的信頼度に対する無知から生じる誤解なのである。

3. ディスカバリーサービス
[１] 従来の図書館における資料検索

公共図書館では後に述べるように現時点では、2018年4月にディスカバリーサービスを開始した長崎市立図書館しか導入事例がないが、すでに主だった大学図書館では導入されている。実際に「ディスカバリーサービス」による検索の実例をここで見ておこう。

図2-1-1は立命館大学図書館のホームページである。画面左上の部分に「情報

図2-1-1　立命館大学図書館トップページ

検索(基本)」とあって、その下に「RUNNERS OPAC（蔵書検索）」と「RUNNERS Discovery（まとめて検索）」と2つの検索窓が用意されている。「RUNNERS OPAC（蔵書検索）」は多くの図書館で採用されている蔵書検索システムであり、図書館が所蔵する図書、雑誌、視聴覚資料を検索することができる。

例えば次のようなレポート課題のテーマが学生に示されたとしよう。

「平安時代の貴族にとって和歌はどのような意味を持っていたのかを整理して示し、今日の社会における文芸の位置づけとの違いを論じなさい」

そうすると学生は大学図書館のホームページからOPAC（オンライン閲覧目録）を利用して検索するだろう。まず、検索窓に「平安時代」と入力すると、検索結果一覧に該当件数1104件、「貴族」と絞り込み検索をすると58件、さらに「和歌」と絞り込むと図2-1-2のように1件の該当資料がヒットする。

この1件の資料を見ると「和歌と貴族の世界：うたのちから：歴博・国文研共同フォーラム／国立歴史民俗博物館編　東京：塙書房, 2007.3」という詳細表示、配架場所と請求記号などが表示されるので、NDC（日本十進分類法）の「911.13」を手掛かりに「平井嘉一郎記念図書館」の書架まで行くことになる。従来であれば、OPACでこれしかヒットしなかったのだから、利用者はとりあえずこの文献を調べてみることになるだろう。しかし本当に適合する資料はこれだけなのだろうか。

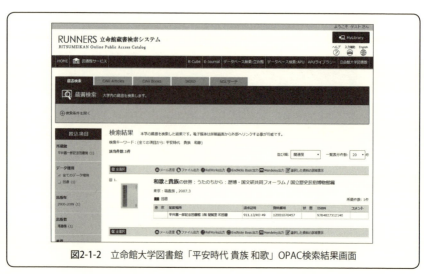

図2-1-2　立命館大学図書館「平安時代 貴族 和歌」OPAC検索結果画面

［2］ディスカバリーサービスがもたらす検索結果の豊富さ

　「RUNNERS Discovery（まとめて検索）」に「平安時代　貴族　和歌」とキーワードを入力すると、この３つの語を含む資料が、**図 2-1-3** のように『華族制の創出』など合計 2449 件もヒットする。電子書籍の『華族制の創出』というタイトルをクリックしてみると、先程の３つのキーワードを含む本文ページが**図 2-1-4** のようにスニペット表示され、さらに詳細画面をみると、**図 2-1-5** のように本文ページが表示される。

　このように立命館大学図書館が利用者に提供している「RUNNERS Discovery（まとめて検索）」は、従来のような書誌的記録を検索するための手

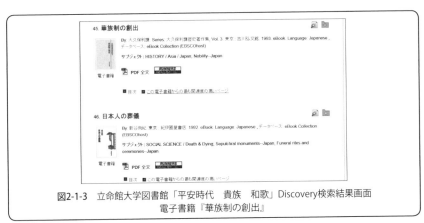

図2-1-3　立命館大学図書館「平安時代　貴族　和歌」Discovery検索結果画面
電子書籍『華族制の創出』

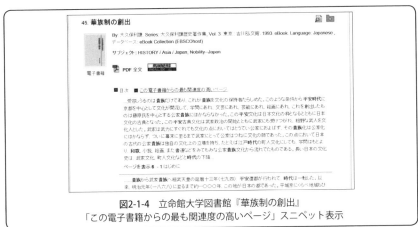

図2-1-4　立命館大学図書館『華族制の創出』
「この電子書籍からの最も関連度の高いページ」スニペット表示

■ 第2章　電子出版活用型図書館プロジェクトの可能性

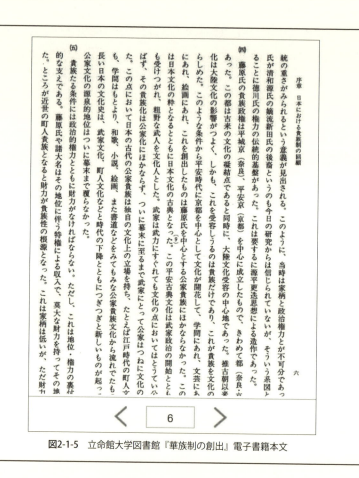

図2-1-5　立命館大学図書館『華族制の創出』電子書籍本文

掛かりになるタイトル、著者、件名、分類記号といった標目（heading）、刊行年や各種の標準番号やコード化情報といったアクセスポイント（access point）だけではなく、資料の全文（full text）を横断的に検索して関連するページを表示することが可能となっている。

　この例では立命館大学図書館が契約している「EBSCOhost eBook Collection」という電子書籍の本文がヒットし、大久保利謙著『華族制の創出』（吉川弘文館、1993年刊行）という適合文献を探索することができた。つまり、図書館がこれまで伝統的に行ってきた件名や分類記号、内容細目の付与といった目録整理の手法ではなく、本文をテキストデータ化することによって統合的

に検索することが可能になったのである。

　ディスカバリーサービスによって、『華族制の創出』の 6 ページの「受容し
うるのは貴族だけであり、これが貴族を文化の保持者たらしめた」「平安時代
に京都を中心として文化が開花して、学問にあれ、文芸にあれ、芸能にあれ、
絵画にあれ、これを創出したものは藤原氏を中心とする公家貴族にほかならな
かった」「たとえば江戸時代の町人文化にしても、学問はもとより、和歌、小
説、絵画、また書道などをみてもみな公家貴族文化から流れでたものである」
といった、日本における公家文化がその後の江戸期の町人文化にまでつながっ
ているという記述を利用者は容易に発見することが可能となり、この資料をレ
ポート課題の関連資料として利用することができるわけである。

　このように、探索したいキーワードによって単行書の本文から適合する箇所
を見つけるということは、紙媒体の図書ではきわめて困難であり、ここにディ
スカバリーサービスがもたらす画期的な可能性をみることができるのである。

［3］公共図書館とディスカバリーサービス

　立命館大学「電子出版活用型図書館プロジェクト」では、これまで大学図書
館にしか導入されていなかったディスカバリーサービスについて 2017 年度、
国内初となる公共図書館向けトライアルを EBSCO、図書館流通センターの協
力によって開始し、参加館が 11 館となった。

　2017 年 6 月 1 日、「立命館大学大学院文学研究科 文化情報学専修 公開セミ
ナー ディスカバリーサービスが変える公共図書館—いよいよ始まるトライア
ル」を開催し、そのトライアル結果をもとに 2017 年 10 月 19 日「立命館大
学大学院文学研究科 文化情報学専修 公開セミナー ディスカバリーサービス公
共図書館版—トライアル中間報告会」を開催、京都府立図書館、大阪市立中央
図書館からの導入結果の発表が行われた。

　そして 2018 年 3 月 6 日に、「立命館大学大学院文学研究科 文化情報学専修
公開セミナー　日本初・公共図書館におけるディスカバリーサービスのトライ
アル最終報告会」を立命館大阪梅田キャンパスで開催、ここでは長崎市立図書
館と明石市立図書館からの事例発表が行われた。

　トライアル終了後の 2018 年 4 月、国内で初めてディスカバリーサービス
が長崎市立図書館で導入された（章末資料参照）。すでに主要な大学図書館にお

第2章　電子出版活用型図書館プロジェクトの可能性

いては適合文献の探索に大きな効果を発揮しているディスカバリーサービスが公共図書館に導入されることによって、これからのレファレンスサービスも大きく変化していくだろう。

　少なくとも、複数のデータベース、そして電子書籍を導入している図書館にとって、本文のキーワードから統合的に検索できるディスカバリーサービスはきわめて重要な役割を担うことになることは明らかである。

　本稿では、ディスカバリーサービスの実証実験に参加した明石市立図書館[*5]に実際にディスカバリーサービスが導入されることによって、それが明石市の総合計画の実施にいかにつながっていくかを問題提起するために「電子出版活用型図書館プロジェクト」として作成した素案を示したい。

　明石市では 2011 年 3 月、これから 10 年のまちづくりの指針となる「明石市第 5 次長期総合計画」を策定し、「ひと まち ゆたかに育つ未来安心都市・明石」をめざすまちの姿に定めている。

　そして、戦略の展開として次の 5 つを掲げている。

（1）　安全・安心を高める。

（2）　自立した温かい地域コミュニティをつくる。

（3）　明石らしい生活文化を育てる。

（4）　まちを元気にする。

（5）　一人ひとりの成長を支える。

　それぞれの計画に関して、ディスカバリーサービス導入はどのような利便性を発揮できるのであろうか。

❶ 安全・安心を高める
（1）日常生活の安全性

　地域の防犯対策、交通安全対策、公共機関のバリアフリー化などに関する電子書籍を購入すると同時に、パンフレット、リーフレット、ニュースレターなどの情報を電子書籍化し、ディスカバリーサービスで検索可能にする。

（2）防災対策・災害復興

　災害の歴史、被害・救援・復興などに関する電子書籍を購入すると同時に、パンフレット、リーフレット、ニュースレターなどの情報を電子書籍化し、ディ

＊5　明石市立図書館は、あかし市民図書館と明石市立西部図書館の総称である。

スカバリーサービスで検索可能にする。

(3) 健康医療情報

　各種疾病とその治療法、手術、入院、セカンドオピニオンに関する情報、退院後の療養、食品・栄養・食事療法に関する情報、薬に関する情報、闘病記、公的支援に関する情報などに関する電子書籍を購入すると同時に、パンフレット、リーフレット、ニュースレターなど健康や医療に関する情報を電子書籍化し、ディスカバリーサービスで検索可能にする。

❷ 自立した温かい地域コミュニティをつくる

(1) 主体的な地域活動

　「地域活動ファイル」を電子書籍化し、明石市電子図書館の「ふるさと資料」にアップロードすることにより、さまざまな地域活動について検索可能とする。

(2) 高齢者の活躍

　高齢者が持つさまざまな技能や情報を登録し、地域活動に活かすための「高齢者活動ファイル」を電子図書館にアップロードする。

(3) 認め合う開かれた地域をつくる

　日本語を母語としない在住外国人を対象とした多言語対応電子書籍をコレクションし、ディスカバリーサービスによって、課題解決に必要な情報を検索し、入手することができる環境を整備する。

❸ 明石らしい生活文化を育てる

(1) 自然環境の保持

　生物の多様性、自然との共生などに関する電子書籍を購入すると同時に、パンフレット、リーフレット、ニュースレターなどの情報を電子書籍化し、ディスカバリーサービスで検索可能にする。

(2) スポーツ・文化芸術・歴史に親しめる環境

　例えば、美術館、博物館等の図録やパンフレット、ニュースレターなどを電子化し、ディスカバリーサービスで検索可能にして、必要な資料を必要なときに市民の誰もが入手できるようにする。

(3) 食・海・時を暮らしに生かす

　明石のブランド力を高めるために、特に「明石だこ」「明石海峡」「天文科学

■ 第2章　電子出版活用型図書館プロジェクトの可能性

館」などに関連するパンフレット、リーフレット、ニュースレターなどを電子化し、ディスカバリーサービスで検索できるようにする。

❹ まちを元気にする

（1）地域産業活性化

地域産業活性化などに関する電子書籍を購入すると同時に、パンフレット、リーフレット、ニュースレターなどの情報を電子書籍化し、ディスカバリーサービスで検索可能にする。

（2）中心市街地の魅力を高める

明石駅前の「パピオスあかし」2階のジュンク堂書店、4階のあかし市民図書館、5階の子ども図書館の蔵書合計が100万冊以上であるという「日本一の本のビル」の特性を生かして、本に関するイベントの開催とともに、出版や図書館などに関する電子書籍を購入し、パンフレット、リーフレット、ニュースレターなどの情報を電子書籍化し、ディスカバリーサービスで検索可能にする。

（3）明石のファンを増やす

明石に関する電子書籍を購入すると同時に、パンフレット、リーフレット、ニュースレターなどの情報を電子書籍化し、ディスカバリーサービスで検索可能にする。

❺ 一人ひとりの成長を支える

（1）育児支援

子育てに関する電子書籍を購入すると同時に、パンフレット、リーフレット、ニュースレターなどの情報を電子書籍化し、ディスカバリーサービスで検索可能にする。

（2）質の高い教育

親子で作るデジタル絵本の制作ワークショップを明石市立図書館で開催し、出来上がった作品を「明石市電子図書館」で公開するとともに、絵本や児童書の電子書籍を購入し、子ども関係のパンフレット、リーフレット、ニュースレターなどの情報を電子書籍化し、ディスカバリーサービスで検索可能にする。

（3）幅広い世代の意欲を育む

図書館を使った調べる学習コンクールの開催や、探求型の読書を推進し、あら

ゆる世代が図書館資料を活用して、生涯学習を楽しめる明石市の文化を創出する。

　このように、明石市立図書館に「ディスカバリーサービス」を導入すること
は、明石市民のさまざまな課題解決に直結し、電子図書館サービスを利用する
ことによって市民的価値を高めるきわめて強力な手段になると考えられる。

4.　おわりに
　日本の公共図書館の特徴は、利用者に館外貸出をいかに多く行うかというこ
とが重視されるいわゆる「貸出中心主義」にあった。

　1963 年、日本図書館協会より刊行された『中小都市における公共図書館の
運営』（いわゆる「中小レポート」）によって図書館界では「中小公共図書館こそ
公共図書館のすべて」という主張が展開され、それまでの大図書館による保存
に重点を置いた図書館像が大きく変わることとなった。

　そこでは公共図書館の本質的機能は資料を求めるあらゆる人々やグループに
資料を提供することであるとされ、それが 1970 年の『市民の図書館』（日本
図書館協会）によって、（1）貸出しサービス、（2）児童サービス、（3）全域
サービスが重視され、公共図書館における「閉架制」から「開架制」への移
行、「館内閲覧」から「館外貸出し」重視へという変化が 1960 年代から
1970 年代の間に日本の公共図書館の世界に定着したのである。

　しかし、「中小レポート」から 50 年以上経った現在、さまざまな自治体にお
いて「貸出型図書館」から「滞在型図書館」への移行が見られるようになった。
つまり、「貸出中心主義」はほぼ半世紀を経て、相当程度に制度疲労を起こし、
今日の利用者からは新しい「公共図書館像」が求められているのである。

　このような公共図書館をめぐる状況の変化の中で「電子出版活用型図書館プ
ロジェクト」は、管理者側ではなく利用者を主体とした図書館サービスへの組
み替えを意図している。また著作物がさまざまな形で活用されることを中心に
据えている。これまで図書や雑誌を中心に語られ過ぎていた公共図書館像を、
もっと広く情報全般へと拡げ、文字情報だけでなく、音声、静止画、動画も活
用し、知識情報基盤の根底を変えることを目的としたプロジェクトとして、今
後さらなる展開をめざしていく予定である。

■ 第2章　電子出版活用型図書館プロジェクトの可能性

プレスリリース
公共図書館初のディスカバリーサービス導入

【プレスリリース：2018年6月1日】

　本リリースは、立命館大学より京都大学記者クラブ加盟各社および株式会社図書館流通センターより業界紙各紙に配信します。また、EBSCO Information Services Japan 株式会社のホームページにも掲載します。

立命館大学

株式会社図書館流通センター

EBSCO Information Services Japan 株式会社

立命館大学、図書館流通センター、EBSCO
公共図書館におけるディスカバリーサービスの運用を長崎市立図書館で開始

　立命館大学（京都市北区）、株式会社図書館流通センター（東京都文京区、以下：TRC）、EBSCO Information Services Japan 株式会社（東京都中野区、以下：EBSCO）は、2018年4月2日より、長崎市立図書館でディスカバリーサービス（以下、本サービス）※1の運用を開始いたしました。

　本サービスは、図書館の蔵書データベース（OPAC）と、新聞や事典などのオンラインデータベースを統合検索することで、蔵書検索だけでは見つけられなかった過去の新聞記事や本の中身など、利用者が必要な情報を発見しやすくする仕組みです。これまで大学図書館で導入が進んでいました。

　立命館大学の「電子出版活用型図書館プロジェクト（研究代表者：立命館大学文学部教授・湯浅俊彦）」※2は、市民の情報リテラシーを高める取り組みとして、公開セミナー「ディスカバリーサービスが変える公共図書館：いよいよ始まるトライアル」などを開催し、TRC、EBSCOとともに、公共図書館に本サービスのトライアル（実証実験）参加を呼びかけ、公共図書館11館がトライアルに参加しました。

プレスリリース：公共図書館初のディスカバリーサービス導入 ▮

　本サービスの導入により、長崎市立図書館は、利用者が希少な情報に自由にアクセスすることが可能になりました。立命館大学、TRC および EBSCO は、今後も ICT を活用したレファレンスサービスの高度化を図るとともに、国内の公共図書館における本サービスの普及に努めて参ります。

※1　ディスカバリーサービスとは
　図書館が提供する様々なリソースを同一のインターフェイスで検索できるサービスのこと。情報の「Discovery（発見）」を支援するサービスという意味がある。通常は、OPAC（オンライン蔵書目録）、電子ジャーナル、データベース、機関リポジトリ等、収録対象や検索方法が異なるリソースを使い分ける必要があるが、ディスカバリーサービスにおいては、これらを一括検索することができる。また、高度な検索スキルがなくとも求める情報を容易に入手できるように、使いやすいインターフェイスや、適合度によるソート、絞込み、入力補助などのユーザ支援機能を備えている。
（出典：「用語解説：文部科学省」
http://www.mext.go.jp/b_menu/shingi/gijyutu/gijyutu4/toushin/attach/1301655.htm）

※2　「電子出版活用型図書館プロジェクト（研究代表者：湯浅俊彦）」とは
　立命館大学アート・リサーチセンターの「日本文化デジタル・ヒューマニティーズ拠点　2018 年度　研究拠点形成プログラム」の研究プロジェクトとして採択された。電子出版を活用した新たな図書館モデルを構築することを目的として研究を行い、従来の図書館サービスについて ICT を活用することによって高度化し、図書館利用者の立場を重視した具体的なサービスの実用化に向けた「課題解決型リサーチ」を行う。

49

■ 第 2 章　電子出版活用型図書館プロジェクトの可能性

■問い合わせ先

【立命館大学】

　〒 603-8577 京都市北区等持院北町 56-1

　立命館大学大学院文学研究科・行動文化情報学・文化情報学専修

　「電子出版活用型プロジェクト」（研究代表者：湯浅俊彦教授）

　TEL：075-465-8187　FAX：075-465-8188

【株式会社図書館流通センター】

　〒 112-8632　東京都文京区大塚三丁目 1 番 1 号

　株式会社図書館流通センター　広報部　尾園清香

　TEL：03-3943-7015　FAX：03-3943-8441

【EBSCO Information Services Japan 株式会社】

　〒 164-0001 東京都中野区中野 2-19-2 中野第 I OS ビル 3 階

　EBSCO Information Services Japan 株式会社

　TEL：03-5342-0701　FAX：03-5342-0703

　E-mail: jp-ebscohost@EBSCO.COM

【長崎市立図書館】

　〒 850-0032　長崎市興善町 1-1

　TEL：095-829-4946　FAX：095-829-4948

　（レファレンス担当）

第3章

デジタル・アーカイブとしての国立国会図書館

本章の内容

　障害者の読書アクセシビリティについて考える際、図書館の果たす役割は大きい。本章では、日本における唯一の国立図書館である国立国会図書館における電子図書館事業の現状と課題を整理し、障害者の読書アクセシビリティの観点からその活用の可能性について検討する。

　国立国会図書館によるオンライン資料の制度的収集、所蔵資料の大規模デジタル化に加え、所蔵資料のテキストデータ化、電子出版物の音声読み上げ機能の実装化、図書館向けデジタル資料送信サービスの参加館拡大により、読書アクセシビリティの保障が実現するのである。

■ 第3章　デジタル・アーカイブとしての国立国会図書館

第1節

読書アクセシビリティの観点から

（初出：『2013年度〜2015年度　科学研究費助成事業成果報告書　高等教育機関における障害者の読書アクセシビリティの向上』立命館大学、2016年3月31日、研究課題番号：25282068　研究代表者：松原洋子、第5章「デジタル・アーカイブとしての国立国会図書館の可能性 —読書アクセシビリティの観点から」）

1. 国立国会図書館におけるオンライン資料の収集

［1］国立図書館の役割と納本制度

1948年に制定された国立国会図書館法は、納本制度について次のように規定している[1]。

第1に、国や地方公共団体の諸機関、独立行政法人、国立大学法人、大学共同利用機関法人、特殊法人などが出版物（図書、小冊子、逐次刊行物、楽譜、地図、映画フィルム、そのほか印刷その他の方法により複製した文書又は図画、蓄音機用レコード、電子的方法、磁気的方法その他の人の知覚によっては認識することができない方法により文字、映像、音又はプログラムを記録した物）を発行したときには、「直ちに国立国会図書館に納入しなければならない」（第24条）としている。

第2に、出版社、新聞社、レコード会社、映像資料の発行社など、販売を目的とした会社・団体については、「文化財の蓄積及びその利用に資するため、発行の日から三十日以内に、最良版の完全なもの一部を国立国会図書館に納入しなければならない」（第25条）と定めている。

つまり、文化財の蓄積及び利用に資するため、納本制度を設け、国や地方公共団体、そして民間が発行する国内出版物の網羅的収集を行っているのである。

このような納本制度は、1537年にフランスのフランソワ1世がモンペリエの王令によって国内出版物をすべて王室の図書館に納入させたことに始ま

＊1　「国立国会図書館法」http://law.e-gov.go.jp/htmldata/S23/S23HO005.html（引用日：2016-03-18）

り*²、その後の各国の国立図書館のコレクション形成の基本となっている。日本における納本制度は国立国会図書館の前身である帝国図書館において明治期より運用されていたが、当時は情報資源を国民が共有するためというより、むしろ出版統制的な性格を有するものであった。

それが1948年制定の国立国会図書館法により、「国会議員の職務の遂行に資するとともに、行政及び司法の各部門に対し、更に日本国民に対し、この法律に規定する図書館奉仕を提供することを目的とする」国立図書館に生まれ変わったのである。

納本制度によって収集された出版物については、国立国会図書館が全国書誌（全国の標準となる書誌）を作成、提供することを「館長は、一年を超えない期間ごとに、前期間中に日本国内で刊行された出版物の目録又は索引を作成し、国民が利用しやすい方法により提供するものとする」（第7条）と規定している。

そして、「図書館奉仕は、直接に又は公立その他の図書館を経由して、両議院、委員会及び議員並びに行政及び司法の各部門からの要求を妨げない限り、日本国民がこれを最大限に享受することができるようにしなければならない」（第21条）とあるように、第1に国会議員や行政・司法の各部門、第2に日本国民に図書館サービスを行うと規定しているのである。

つまり、国立国会図書館の任務は、（1）国内で刊行された出版物を網羅的に収集し、（2）全国書誌を作成し、（3）国会議員、行政・司法の各部門、そして日本国民に資料提供などの図書館サービスを行うこと、ということになる。

2015年9月4日に開催された第26回納本制度審議会において示された直近3年間の納本制度による資料別納入実績は表3-1-1のとおりである。

ここに示されているように、現行の納本制度では図書や逐次刊行物（雑誌や年鑑のように終期を予定せず、巻号・年月次を追って逐次刊行される出版物）だけでなく、「パッケージ系電子出版物」としてビデオ・ディスク、ビデオ・カセット、音楽CD、光ディスクを収集対象としているのである。

つまり、納本制度に依拠して国内の出版物を網羅的に収集、整理、保存、提供を行ってきた国立国会図書館であるが、1980年代中頃から始まった日本国内における電子出版の進展に対して新たな対応を迫られることになったのである。

＊2　寺田光孝編『図書及び図書館史』樹村房、1999、p.41

■ 第3章　デジタル・アーカイブとしての国立国会図書館

表3-1-1　国立国会図書館　資料別納入実績（2012年度〜2014年度）

（図書）単位：冊

年度	官庁出版	民間出版	計
2012年度	31,510	112,700	144,210
2013年度	33,425	111,901	145,326
2014年度	33,452	121,016	154,468

（パッケージ系電子出版物＊）単位：点

年度	官庁出版	民間出版	計
2012年度	3,124	24,499	27,623
2013年度	3,488	25,715	29,203
2014年度	3,481	24,388	27,869

＊ビデオ・ディスク、ビデオ・カセット、音楽CD、光ディスクなどが含まれる。

（逐次刊行物＊）単位：点

年度	官庁出版	民間出版	計
2012年度	73,120	317,612	390,732
2013年度	72,928	310,655	383,583
2014年度	85,789	329,481	415,270

＊逐次刊行物のほかに地図、静止画等を含む。

出典：国立国会図書館「平成27年9月4日第26回納本制度審議会　配布資料5」
http://www.ndl.go.jp/jp/aboutus/deposit/council/26noushin_siryo.pdf（引用日：2016-03-18）

［2］電子出版物への対応

　国立国会図書館における電子出版物[*3]への対応について、ここでは第1期から第3期に分けて、その歴史的経緯を整理してみたい。

　すなわち、CD-ROM等のパッケージ系電子出版物の収集を行った第1期、オンライン系電子出版物のうち非商業出版物の収集を行った第2期、そしてオンライン系電子出版物のうち商業出版物の収集をめざしている第3期について、それぞれ検討する。

❶ 第1期：パッケージ系電子出版物

　国立国会図書館では、CD-ROMやオンライン出版など電子出版物の増大に

＊3　「電子出版物」は、厳密には有形物ではないため、出版「物」とすることは正確ではないが、これまで納本制度調査会、納本制度審議会の答申などでも使われ、また、何らかの編集過程を経た、従来であれば図書や逐次刊行物に相当するものという意味において、本章ではこの用語を用いることとする。

54

第1節　読書アクセシビリティの観点から

対応するため、1997年3月より、納本制度審議会の前身で、館長の諮問機関である納本制度調査会において審議を行い、1999年2月に「答申　21世紀を展望した我が国の納本制度の在り方－電子出版物を中心に－」を提出した。

この答申の概要は次のようなものであった[*4]。

(1) CD-ROM等の有形の媒体に情報を固定したパッケージ系電子出版物を、従来の紙媒体等による出版物と同様に網羅的に納入対象とし、その納入に際して交付する代償金の額は、納入出版物1部当たりの生産に要する費用相当額とすることが妥当であること。

(2) パッケージ系電子出版物を利用に供するに当たっては、著作権者等、発行者、利用者それぞれの便益の均衡を図ることが重要であること。

(3) ネットワーク系電子出版物については、当分の間納本制度の対象外とし、必要、有用と認められるものについては、契約により収集することが適当であること。

等を内容としている。なお、ここでいうネットワーク系電子出版物とは、インターネット等により送受信される電子出版物のことである。

今日のデジタル・ネットワーク社会の観点からは、1999年2月の答申において「ネットワーク系電子出版物」を収集対象に含めなかったことは疑問が残る。

この答申では、(1) 著作者等の意思に反する「固定」、(2)「固定」時期決定の困難、(3) 網羅的納入の困難、(4) 納入義務者特定の困難などを理由として[*5]、ネットワーク系電子出版物を納本制度の対象とすることを見送り、近い将来においてこのような問題が解決されれば、改めて検討する必要があるとして、当面、次のような方針を記している[*6]。

ネットワーク系を納本制度に組み込まないということは、その収集を放棄するということではない。確かに、納本制度は、館における資料収集方法

[*4] 「納本制度審議会のこれまでの歩み」http://ndl.go.jp/jp/aboutus/deposit/council/history.html（引用日：2016-03-18）

[*5] 「答申　21世紀を展望した我が国の納本制度の在り方－電子出版物を中心に－」（国立国会図書館・納本制度調査会、1999年2月22日）pp.10-15

[*6] 同上文献、p.43

■ 第3章　デジタル・アーカイブとしての国立国会図書館

の中核をなす極めて重要な手段であるが、資料収集の方法はこれに限られるものではない。法23条に明らかなように、それ以外にも、購入、寄贈、遺贈、交換等の手段がある。

つまり1999年2月時点においては、ネットワーク系電子出版物の収集についてはさまざまな困難が想定され、そのためCD-ROMなどのパッケージ系電子出版物のみを納本制度に組み込んだが、それはこれからの「電子出版時代」に対応する第一歩であったと位置づけることができるのである。

❷ 第2期：オンライン系電子出版物のうち非商業出版物

2009年10月、第17回納本制度審議会において、長尾真・国立国会図書館長（当時）から「国立国会図書館法第25条に規定する者（私人）がインターネット等により利用可能とした情報のうち、同法第24条第1項に掲げられた図書、逐次刊行物等に相当する情報を収集するための制度の在り方について」の諮問がなされ、その中でオンライン資料の収集制度を設ける必要性について、次のような状況認識が示されている＊7。

近時、私人（国立国会図書館法第25条に規定する者）が、従来であれば国立国会図書館法第24条第1項に掲げられた図書、逐次刊行物等として発行した資料を、従来の出版と同様の編集過程を経つつ、インターネット等を通じてのみ出版する事態が急速に進展しており、これらの情報を包括的に収集することができない状態が続くと、出版物の収集を通じた「文化財の蓄積及びその利用」（同法第25条）という納本制度の目的が達せられないおそれがある。

この諮問を受けて、筆者も委員であった納本制度審議会では、「オンライン資料の収集に関する小委員会」（以下「小委員会」）を設置し、合庭惇小委員長、福井健策委員、山本隆司委員、湯浅俊彦委員、植村八潮専門委員、大久保徹也専門委員、三瓶徹専門委員、常世田良専門委員、深見拓史専門委員の9名の

＊7　国立国会図書館「諮問書」国図収 090928001 号（2009年10月13日）http://ndl.go.jp/jp/aboutus/deposit/council/online_shimon.pdf（引用日：2016-03-18）

第1節　読書アクセシビリティの観点から

表3-1-2　答申の趣旨

インターネット等で提供される民間の電子書籍、電子雑誌等（以下、オンライン資料）を個別の契約によらないで収集する制度を設ける。

1.　オンライン資料を収集する主な理由は次のとおり。
（1）オンライン資料は、現行の納本制度では収集できない。
（2）オンライン資料の収集ができないと、出版物の収集を通じた「文化財の蓄積及びその利用」（国立国会図書館法第25条）の目的が達せられないおそれがある。

2.　収集対象となるオンライン資料
収集対象となるオンライン資料は、同内容の紙媒体のものがあっても収集し、また、有償・無償を問わない。なお、内容による選別は行わない。

3.　収集方法
主として、オンライン資料を「発行」した者からの国立国会図書館への送信によって収集することを想定。オンライン資料を「発行」した者は、送信等に関する義務を負う。

4.　利用に当たっての想定
基本的に図書館資料と同等の利用提供を行うことを想定。

5.　経済的補償
オンライン資料の収集では、送信のための手続きに要する費用を「納入に通常要すべき費用」に相当するものとして考える。

6.　罰則規定
現段階では、過料も含め罰則規定は設けないことが妥当である。

7.　著作権等の制限
オンライン資料の収集を契約によらないで行うため、著作権法等の制限が必要である。

委員がオンライン資料の制度的収集について調査審議を行った。

2009年11月19日、12月15日、2010年2月16日の3回の小委員会を開催し、「オンライン資料の収集に関する中間報告」を取りまとめ、2010年3月16日、第18回納本制度審議会において、小委員会から中間報告が提出され、了承された。

そして、2010年6月7日、第19回納本制度審議会において、中間報告を基にした「答申　オンライン資料の収集に関する制度の在り方について」が全会一致で決定され、同日、会長代理から国立国会図書館長へ手交された[8]。

その日のうちに国立国会図書館東京本館において記者会見が行われ、**表3-1-2**の答申の趣旨が公表され、**図3-1-1**のオンライン資料の収集イメージが示された。

＊8　「納本制度審議会のこれまでの歩み」http://ndl.go.jp/jp/aboutus/deposit/council/history.html
（引用日：2016-03-18）

■ 第3章　デジタル・アーカイブとしての国立国会図書館

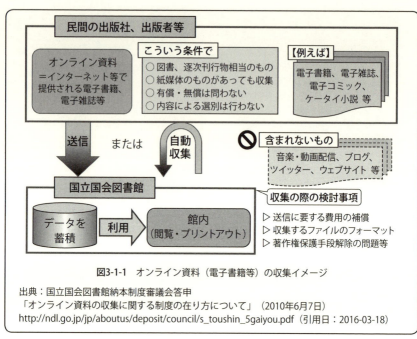

図3-1-1　オンライン資料（電子書籍等）の収集イメージ

出典：国立国会図書館納本制度審議会答申
「オンライン資料の収集に関する制度の在り方について」（2010年6月7日）
http://ndl.go.jp/jp/aboutus/deposit/council/s_toushin_5gaiyou.pdf（引用日：2016-03-18）

　記者会見後の報道では、「収集するオンライン資料の条件としては、現在紙で収集している『図書や逐次刊行物に相当するもの』。紙媒体版が発行されていても、電子版も収集する。有償・無償は問わず、内容による選別は行わない。具体的には、電子書籍や電子雑誌、電子コミック、携帯小説などが該当すると考えられ、音楽や動画配信、ブログ、Twitter、一般のWebサイトなどは含まれないとしている。国会図書館では今回の答申を受け、制度の整備や法改正に向け準備を進め、2011年度の制度化を目指したいとした」と、「電子納本制度」がすぐにでも実現するかのように思われた[*9]。
　ところが、出版社団体を対象としたオンライン資料の収集制度についての説明会を行う中で、制度に対する批判的意見が相次ぎ、各関係団体の賛同が得られず、プレスリリースしたにもかかわらず、ただちに制度化することができない状態となったのである。

[*9]　「国会図書館、電子書籍や電子雑誌などの『オンライン納本』を制度化へ」（『INTERNET Watch』2010年6月7日付け記事）。http://internet.watch.impress.co.jp/docs/news/20100607_372783.html（引用日：2016-03-18）

第1節　読書アクセシビリティの観点から

表3-1-3　オンライン資料の分類

	無償出版物	有償出版物
DRM等なし	A	B
DRM等あり	C	D

出典：2012年3月6日・第22回納本制度審議会「中間答申　オンライン資料の制度的収集を行う
に当たって補償すべき費用の内容について」p.8
http://ndl.go.jp/jp/aboutus/deposit/council/s_tyukantoushin.pdf （引用日：2016-03-18）

　例えば、出版流通対策協議会（当時）の高須次郎会長は、オンライン資料の
収集にあたって紙媒体のような代償金の考え方を準用することは困難としてい
る答申を、「電子出版物を編集・制作するのがタダと思っている神経は非常識と
いうほかない」と批判、国立国会図書館内での利用についても、「利用による
出版社の経済損失の有無を科学的に算出したわけではない。図書館での利用や
貸し出しが無料であることについては、書店や出版社側から強い不満があり、
貸与料などを支払うべきとの要求がある」として、長尾真・国立国会図書館長
（当時）に対して、「長尾構想は、出版社が販売している本までデジタル化し、
紙版のみの新刊のデジタルデータも納本制度という権力で召し上げ、事実上の
国営電子出版配給会社を実現しようとするものといえる」と強く非難してい
る[10]。

　結局、オンライン資料の収集は2011年度の制度化が実現困難となり、オン
ライン資料のうち商業出版物の収集を先送りする形へと向かうことになった。

　2011年9月20日、第21回納本制度審議会において国立国会図書館長は
新たに実施しようとしている「オンライン資料の収集制度」を運用するために
必要な費用補償などについて諮問し、納本制度審議会は「オンライン資料の補
償に関する小委員会」を設置した。小委員会のメンバーは福井健策小委員長、
山本隆司委員、湯浅俊彦委員、植村八潮専門委員、大久保徹也専門委員、三瓶
徹専門委員の6名である。

　同小委員会は、2011年10月20日、11月22日に調査審議し、中間報告
書をまとめ、2012年3月6日の第22回納本制度審議会において、この中間

---

[10]　「電子納本と長尾（国立国会図書館長）構想の問題点」『新文化』2872号、2011年2月3日
付け、1面。

■ 第3章　デジタル・アーカイブとしての国立国会図書館

報告書は了承され、「中間答申　オンライン資料の制度的収集を行うに当たって補償すべき費用の内容について」が長尾真国立国会図書館長に手交された。

　この「中間答申」の内容は、オンライン資料を**表3-1-3**のように分類し、A群資料、すなわち「DRM等の付与されていない無償出版物」を当面の対象として、送料・媒体費用のみを補償し、B群、C群、D群の有償又はDRMありのオンライン資料については結論を先送りし、民間のオンライン資料の制度的収集を開始しようとするものであった。

　2012年6月22日、国立国会図書館法の一部を改正する法律が公布され、2013年7月1日に施行され、「DRM等の付与されていない無償出版物」の網羅的収集が「オンライン資料収集制度（eデポ）」として開始された。

　この制度は次の3つの法律に基づき、構成されている。

　第1に、2012年6月に改正された「国立国会図書館法」である。

　第25条の4において、「第24条及び第24の2に規定する者以外の者は、オンライン資料（電子的方法、磁気的方法その他の人の知覚によっては認識することができない方法により記録された文字、映像、音又はプログラムであつて、インターネットその他の送信手段により公衆に利用可能とされ、又は送信されるもののうち、図書又は逐次刊行物（機密扱いのもの及び書式、ひな形その他簡易なものを除く。）に相当するものとして館長が定めるものをいう。以下同じ。）を公衆に利用可能とし、又は送信したときは、前条の規定に該当する場合を除いて、文化財の蓄積及びその利用に資するため、館長の定めるところにより、当該オンライン資料を国立国会図書館に提供しなければならない」として、私人が出版したオンライン資料を国立国会図書館に納入することが義務付けられた。

　第2に、「国立国会図書館法改正法附則」（平成24年6月22日法律第32号）である。

　附則第2条に「この法律による改正後の国立国会図書館法（次条において「新法」という。）第25条の4第1項に規定するオンライン資料のうち有償で公衆に利用可能とされ、又は送信されるもの及び技術的制限手段（電子的方法、磁気的方法その他の人の知覚によっては認識することができない方法によりオンライン資料の閲覧又は記録を制限する手段であって、オンライン資料の閲覧若しくは記録のために用いられる機器（以下「閲覧等機器」という。）が特定の反応をする信

号をオンライン資料とともに記録媒体に記録し、若しくは送信する方式又は閲覧等機器が特定の変換を必要とするようオンライン資料を変換して記録媒体に記録し、若しくは送信する方式によるものをいう。）が付されているものについては、当分の間、館長の定めるところにより、同項の規定にかかわらず、その提供を免ずることができる」として、有償またはDRMのある資料は、当面納入義務が免除されるとしている。

第3に、「著作権法」である。

第42条の4において、「国立国会図書館の館長は、国立国会図書館法（昭和23年法律第5号）第25条の3第1項 の規定により同項 に規定するインターネット資料（以下この条において「インターネット資料」という。）又は同法第25条の4第3項 の規定により同項 に規定するオンライン資料を収集するために必要と認められる限度において、当該インターネット資料又は当該オンライン資料に係る著作物を国立国会図書館の使用に係る記録媒体に記録することができる」とし、その2項では「次の各号に掲げる者は、当該各号に掲げる資料を提供するために必要と認められる限度において、当該各号に掲げる資料に係る著作物を複製することができる」として、著作権法の制限規定により国立国会図書館のオンライン資料の収集については、著作権者の許諾を要さないと規定しているのである。

このように新しくスタートした「オンライン資料収集制度（eデポ）」では「電子書籍、電子雑誌、電子コミック、ケータイ小説等」を収集するとした2010年6月7日に発表された「オンライン資料（電子書籍等）の収集イメージ」からは大きく後退し、商業的な電子出版物を収集することを先送りにした。

それでも、第22回納本制度審議会（2012年3月6日）の「中間答申 オンライン資料の制度的収集を行うに当たって補償すべき費用の内容について」（p.8）に例に挙げられている『古河電工時報』のように、1号（1947年8月）から110号（2002年7月）まで紙媒体の雑誌として国立国会図書館が収集し、所蔵していたが、111号より「以後電子資料（Web）」とNDL-OPAC（国立国会図書館蔵書検索・申込システム）に記載されている電子雑誌が、この「eデポ」によって収集可能となった成果は大きい。

「eデポ」では、「インターネット等で出版（公開）される電子情報で、図書または逐次刊行物に相当するもの（電子書籍、電子雑誌等）をオンライン資料」

■ 第3章　デジタル・アーカイブとしての国立国会図書館

表3-1-4　オンライン資料収集制度による収集件数

	制度取集分（2013年7月以降に出版されたもの）	任意提出分（2013年6月以前に出版されたもの）＋制度取集分
2014年3月31日時点	839件	約7,800件
2014年6月30日時点	1,804件	約9,900件
2015年2月28日時点	4,137件	約18,000件

※オンライン資料の収集件数はデジデポ統計機能で算出するため、出版者ごとの内訳は集計できない。
出典：国立国会図書館「平成27年9月4日第26回納本制度審議会　配布資料7」
http://www.ndl.go.jp/jp/aboutus/deposit/council/26noushin_siryo.pdf（引用日：2016-03-18）

と呼び、「私人が出版したオンライン資料を収集・保存する」として、具体的な収集対象について「年報、年鑑、要覧、機関誌、広報誌、紀要、論文集、雑誌論文、調査・研究報告書、学会誌、ニューズレター、学会要旨集、事業報告書、技報、CSR報告書、社史、統計書、その他、図書や逐次刊行物に相当するもの」を挙げ、そのうちISBN（国際標準図書番号）、ISSN（国際標準逐次刊行物番号）、DOI（デジタルオブジェクト識別子）が付与されたもの、またPDF、EPUB、DAISYで作成されたものを対象とし、自動収集及び送付による収集を行っている。なお、J-Stage（科学技術振興機構が提供する総合電子ジャーナルプラットフォーム）、CiNii（国立情報学研究所が提供する学術情報データベース・サービス）、機関リポジトリ（研究機関による知的生産物の電子アーカイブシステム）で公開している資料は収集対象外としている[11]。

　2015年3月25日の第25回納本制度審議会では、「eデポ」の運用状況について、表3-1-4のように報告されている。

　このように、不十分でありながらもいわゆる「電子納本制度」が2013年7月1日よりスタートしたこと自体は、日本の図書館界にとっても大きな転換点となったといえよう。

❸ 第3期：オンライン系電子出版物のうち商業出版物

　2012年3月6日の第22回納本制度審議会において決定された中間答申「オンライン資料の制度的収集を行うに当たって補償すべき費用の内容につい

＊11　国立国会図書館「オンライン資料収集制度（eデポ）」http://www.ndl.go.jp/jp/aboutus/online/（引用日：2016-03-18）

第1節　読書アクセシビリティの観点から

表3-1-5　国立国会図書館による商用電子出版物の収集に関する論点整理

論　点	当館の考え方	出版関係団体の主張
納入時のフォーマット又はDRM等の解除	商用電子出版物は、不正利用を防止するため暗号化されたフォーマットで頒布され、技術的制限手段（DRM）が付与されているが、そのままでは永続的な保存と利用ができないため、マイグレーション可能な状態での納入が必要である。	納入対象となる「出版物」は、DRMが付与された配信フォーマットが相当する（DRMを付与しない形での納入はできない）。また、国立国会図書館への納入のため、特別のフォーマット変換等を行う場合は、多額の費用が必要となる。
経済的補償	複製費用および利用（館内閲覧）に対する補償は無償とする。	本体の制作費用についても補償すべきである。

出典：国立国会図書館「第1回納本制度審議会オンライン資料の補償に関する小委員会」（2013年9月19日）配布資料
http://ndl.go.jp/jp/aboutus/deposit/council/25_1_syoiinkai_siryo.pdf（引用日：2016-03-18）

て」では、「有償の、又はDRMの付されたオンライン資料、非ダウンロード型資料及び専用端末型資料」の納入に対する補償については、さらに調査審議を継続する必要があるとした[*12]。

その後、2013年9月19日に開催された「納本制度審議会オンライン資料の補償に関する小委員会」では、「有償・DRMありオンライン資料の収集に向けて」をテーマに審議を行い、表3-1-5の論点について議論した。

このとき、事務局からオンライン資料収集の実証実験事業の提起があった。また、「公的機関によるバックアップ、データの受け入れ証明、書誌情報の提供等はインセンティブになると意見、制度化後のダークアーカイブを視野に入れた方がよいとの意見、利用統計データの提供は、個人情報の取扱いに十分留意しつつ、前向きに検討した方がよいとの意見等」「図書館の有料サービスの可能性について議論」があった後、小委員会は賛成多数でこれを進めることに決定した[*13]。小委員会のメンバーは福井健策小委員長、植村八潮委員、永江朗委員、山本隆司委員、湯浅俊彦委員、片寄聰専門委員、佐々木隆一専門委員、

＊12　中間答申「オンライン資料の制度的収集を行うに当たって補償すべき費用の内容について」（国立国会図書館・納本制度審議会、2012年3月6日）pp.9-13
＊13　「第25回納本制度審議会」（2015年3月25日）配布資料3。http://ndl.go.jp/jp/aboutus/deposit/council/25noushin_siryo.pdf（引用日：2016-03-18）

■ 第3章　デジタル・アーカイブとしての国立国会図書館

三瓶徹専門委員の8名である。

2014年3月13日の小委員会では、日本電子書籍出版社協会を出版社側の窓口として実証実験の検討を進めること、3年間の期間で実証実験を進めるのが適当との意見が出された[*14]。

2015年3月12日の小委員会では、日本電子出版協会その他の出版関係団体と協議した結果、第1段階の実証実験では外部サーバにオンライン資料を保管し、国立国会図書館に配信する方法により行い、第2段階の実験では資料を国立国会図書館のサーバに保管し、さまざまな技術的要件を検討することが事務局から示された[*15]。

これを受けて、2015年7月24日、国立国会図書館は「電子書籍基盤提供及び運用管理支援作業」として、作業企画提案の競争公募が行われ、一般社団法人日本電子書籍出版社協会（電書協）がこれに応募して、国立国会図書館企画競争評価委員会による審査の結果、「電子書籍・電子雑誌収集実証実験事業」の正式な受託者となった。

電書協は応札した目的を次のように述べている[*16]。

(1) 著作者・著作権者の皆様に代わって出版界が「電子納本」のシステム構築に主導的役割を果たすこと。
(2) 伸張する電子書籍・電子雑誌の配信ビジネス市場と今回の実証実験事業を両立させること。
(3) 近い将来の「電子納本」制度化に向けて、様々な問題点を調査・研究する必要があること。

このような経過を経て、2015年12月1日より、ついに日本国内において有償で頒布された電子書籍・電子雑誌を対象にした「国立国会図書館　電子書籍・電子雑誌収集実証実験事業」が開始されたのである。

＊14　「第25回納本制度審議会」（2015年3月25日）配布資料3。http://ndl.go.jp/jp/aboutus/deposit/council/25noushin_siryo.pdf（引用日：2016-03-18）

＊15　同上。

＊16　日本電子書籍出版社協会「国立国会図書館（NDL）による電子書籍・電子雑誌収集実証実験事業について（2015.10.16）」。http://ebpaj.jp/counsel/ndl（引用日：2016-03-18）

第1節　読書アクセシビリティの観点から

この実証実験ではその目的として、次の2つが挙げられている[17]。

(1) 電子書籍・電子雑誌の収集及び長期的な保管・利用の技術的検証を行うこと。
(2) 国立国会図書館内で電子書籍・電子雑誌を閲覧に供することによる電子書籍・電子雑誌ビジネスへの影響の検証や納入時の費用の調査分析を行うこと。

このようにして電書協では、第1段階として2015年12月から2018年12月（37か月）、第2段階として2019年1月から2020年1月（13か月）という4年2か月間の長期にわたって、出版社・著作者の協力のもとに提供された市販の電子書籍・電子雑誌を、国立国会図書館東京本館、関西館、国際子ども図書館に設置された館内端末で利用者に提供し、アンケート調査を行う計画である。

電書協では、2015年11月17日に出版社向け説明会を開催し、「作品提供のお願い」として「提供作品リスト」のフォーマットを配布し、実証実験への協力を呼びかけた。

第1段階では出版社40社4000点以上、第2段階では出版社100社1万点以上の収集を予定しており、来館利用者端末からの閲覧で、同時アクセス制御（1点の資料は同時に1つの端末からしか閲覧できない）、複写提供なしという方法で2015年12月1日より実験を開始した。

そして2016年3月10日、「国立国会図書館　電子書籍・電子雑誌収集実証実験事業　第1段階会議」が日本出版クラブにおいて開催され、22名中21名の委員（筆者もその一人である）と国立国会図書館収集書誌部、電書協事務局が出席し、実証実験の検証と今後の方向性を討議するに至っている。

以上、第1期：パッケージ系電子出版物、第2期：オンライン系電子出版物のうち非商業出版物、そして第3期：オンライン系電子出版物のうち商業出版物と、国立国会図書館の納本制度は、従来の図書、雑誌・新聞、地図、楽

---

[17]　国立国会図書館「電子書籍・電子雑誌収集実証実験事業」。http://www.ndl.go.jp/jp/aboutus/deposit/dbdemo.html（引用日：2016-03-18）

譜、レコード、マイクロ資料や点字資料、ビデオなどに加え、CD、DVD などのパッケージ系電子出版物、さらにはオンライン系電子出版物へと資料対象を拡大している。

これからさらなる進展が予想される電子出版物の収集、整理、保存、提供はデジタル・ネットワーク社会における図書館にとって、大きな転換点であるといっても過言ではないだろう。

障害者の読書アクセシビリティの観点からも対応する紙媒体が存在しないボーン・デジタル出版物について、国立国会図書館が収集し、音声読み上げ等のアクセシブルな環境を提供することはきわめて重要である。そして、提供するための大前提として、収集する制度の確立が喫緊の課題であることは疑いえない。

2. 国立国会図書館による所蔵資料の大規模デジタル化

［1］国立国会図書館の大規模デジタル化とグーグル図書館プロジェクト

国立国会図書館では 2009 年度補正予算において、所蔵資料のデジタル化関係経費として当初の予算が 1 億 3000 万円であったにもかかわらず、その100 倍近くの 125 億 9800 万円が一気に計上された。2007 年度は 8100 万円で年間 1 万冊弱の所蔵資料をデジタル化、2008 年度は 1 億 3000 万円といった程度が従来の予算であり、2000 年から 2009 年までの当初予算合計でも 14 億円であり、この規模の予算では所蔵資料のうち大正・昭和戦前期分を終了させるまで今後数十年を要する計算だった[18]。

このように国会図書館に巨額の予算がつけられた背景には資料保存のための有効な手段としてデジタル化が位置づけられ、その実行計画を加速化させようとしたことによる。そこにはグーグルの図書館プロジェクトに対抗する日本の国家戦略があったといえよう。

2005 年にグーグルが図書館の蔵書を全文スキャンし、デジタル化する図書館プロジェクトをハーバード大学、スタンフォード大学、ミシガン大学、オックスフォード大学、ニューヨーク公共図書館の参加を得て開始し、その年の 9 月に米国 作 家 協 会（Authors Guild）と 米 国 出 版 社 協 会（Association of American Publishers）は著作権侵害を理由にグーグルを提訴していた。図書をスキャンすることが著作物の複製にあたり、著作権者の複製権を侵害すると主張したのである。

* 18 『国立国会図書館月報』579 号、2009 年 6 月、p.34

第1節　読書アクセシビリティの観点から

　これに対してグーグルは図書館の資料をデジタル化し、その一部を閲覧できるようにすることは著作権上認められたフェアユースにあたると反論した。

　和解案では、グーグルは引き続き著作権のある書籍をスキャンし、書籍データベースを作成し、図書館や大学をはじめさまざまな団体、企業、組織が購入して利用できるようにすること、消費者に個別に書籍を販売すること、書籍のページに広告を表示することが認められる。また、出版社や作家から成る非営利組織が「版権レジストリ」をつくり電子データの扱いを登録することで公開の仕方をコントロールする。グーグルは全収益の 63% を「版権レジストリ」に支払うことが示された[19]。

　これが実現すると品切れ・絶版になったものも含め書籍の巨大なデータベースが出来上がり、無料プレビュー表示か、有料で全文を販売するかなどを著作権者が設定できることになる。つまり人類がこれまで蓄積してきた書物というメディアが検索可能な書籍データベースに変容する可能性がある。

　グーグルは 2009 年 2 月 24 日、『朝日新聞』と『読売新聞』に「米国外にお住まいの方へ：本和解は米国外で出版された書籍の米国著作権の権利も包括しているため、貴殿にも影響することがあります」[20] という法定通知を出した。

　これに対して、日本文藝家協会と日本書籍出版協会はこの和解案を一旦承認し、その上で非表示にする戦術を採用した。一方、出版流通対策協議会と日本ビジュアル著作権協会は和解案を全面的に否定する立場をとった。

　そうした中で、日本ペンクラブは次のような趣旨の反対声明を 2009 年 4 月 24 日付けで発表した[21]。

(1)　著作権上の問題として、日本の著作権上明白な複製権違反であるにもかかわらず、米国内ルールである「フェアユース（公正利用）」条項を「世界基準」として事実上容認することになること。

(2)　手続き上の問題として、申請しなければ権利が保護されないという「オプ

---

[19]　「Google ブック検索和解契約」http://books.google.com/intl/ja/googlebooks/agreement/（引用日：2009-04-07、2016-03-18 現在、存在せず）

[20]　『朝日新聞』2009 年 2 月 24 日付け朝刊 30 面、『読売新聞』2009 年 2 月 24 日付け朝刊 13 面（いずれも大阪本社版）

[21]　日本ペンクラブ声明「グーグル・ブック検索訴訟の和解案について」http://www.japanpen.or.jp/statement/2008-2009/post_134.html（引用日：2016-03-18）

■ 第3章　デジタル・アーカイブとしての国立国会図書館

ト・アウト（離脱）」方式が採用されれば権利者の立場が弱体化すること。
（3）情報流通独占の問題として、グーグルという私企業の事実上の独占状態
　　を生じること。

　そして、日本ペンクラブは団体としては著作権を代表するものではないこと
から、会長以下理事・言論表現委員会委員 22 名（筆者もその一人である）の連
名の形で提案和解案の拒否と日本と海外を含んだクラスの認定の拒否を求める
異議申し立てを 2009 年 9 月 8 日、米国のニューヨーク南部地区連邦地方裁
判所宛に行った。
　その後、グーグルと米国の著作権者で構成する和解団は新たな和解案を提示
し、英語圏で出版された絶版書籍（米国著作権局に登録されたものと、イギリス、
オーストラリア、カナダの絶版書籍）のみを対象として範囲を狭めたが、2011
年 3 月 22 日、ニューヨーク連邦地方裁判所は和解案を認めないとした。
　さらにその後、米国作家協会がグーグルについて控訴していた裁判では、
2015 年 10 月 16 日、連邦第二巡回区控訴裁判所は、Google ブックスはフェ
アユースにあたるとした米国ニューヨーク南地区連邦地方裁判所の判決を支持
し、原告側の主張を退けている[22]。
　このようなグーグルの動向、とりわけ 2009 年 2 月の日本の新聞に掲載さ
れた「法定通知」は、日本の出版社とその出版物を網羅的に収集する国立国会
図書館の事業に大きな影響を与えた。なぜならば、日本の出版社は著作権者か
ら電子化権の許諾を契約上受けている事例がほとんどなく、版面権も著作権法
上認められていないことから、グーグルのような海外企業のプラットフォーム
によって大きな打撃を受ける危機に直面したのである。一方、国立国会図書館
では納本制度によって収集した国内出版物のデジタル化をグーグルに先んじら
れる可能性があった。日本国内で発行された出版物がグーグルによって国立国
会図書館を上回るスピードでデジタル化され、国立国会図書館よりもグーグル
で検索した方が便利であるという事態が想定されたのである。

---

* 22　「連邦第二巡回区控訴裁判所、Google ブックスは著作権法に違反せずと判断」『カレントアウェ
　　アネス・ポータル』（2015 年 10 月 19 日）http://current.ndl.go.jp/node/29682（引用日：
　　2016-03-18）

68

［2］国立国会図書館のデジタル化資料と図書館向け送信サービス

　そこで、国立国会図書館では戦前期刊行図書、古典籍資料、官報、学位論文など、電子図書館サービスのためのデジタル化を行う一方、2009 年に著作権法改正を行って戦後期刊行図書など保存のためのデジタル化も進めた。

　2009 年 6 月に改正され、2010 年 1 月より施行された「著作権法」では、第 31 条第 2 項に次のように規定されたのである。

　「国立国会図書館においては、図書館資料の原本を公衆の利用に供することによるその滅失、損傷又は汚損を避けるため、当該原本に代えて公衆の利用に供するための電磁的記録（電子的方式、磁気的方式その他人の知覚によっては認識することができない方式で作られる記録であって、電子計算機による情報処理の用に供されるものをいう。第 33 条の 2 第 4 項において同じ。）を作成する場合には、必要と認められる限度において、当該図書館資料に係る著作物を記録媒体に記録することができる」

　これによって、資料保存のために著作権の保護期間が満了していない著作物でも、著作権者に無許諾でデジタル化することができるようになったのである。これは著作権法改正によって、一気に大規模デジタル化を行うことができることを意味している。

　表 3-1-6 に示すとおり、2016 年 1 月時点で 248 万 5 千点のデジタル化を完了し、館内提供を行い、うち 49 万点はインターネット公開も行っている。

　なお、**表 3-1-6** に図書館送信対象資料については 141 万 5 千点となっているが、これは国立国会図書館の所蔵資料の大規模デジタル化によって、国民に提供していくための新しい取り組みであった。

　2010 年 3 月、日本政府は文部科学省、経済産業省、総務省の三省が中心となり、「デジタル・ネットワーク社会における出版物の利活用の推進に関する懇談会」を開催し、早くもその年の 6 月には報告書をまとめた[23]。

　この報告書では、「デジタル・ネットワーク社会に対応した知の拡大再生産を実現し、我が国の豊かな出版文化を次代へ着実に継承しつつ、広く国民が出版物にアクセスできる環境を整備することが重要な課題となっている」という状

---

[23]　『デジタル・ネットワーク社会における出版物の利活用の推進に関する懇談会　報告』（2010年 6 月 28 日）デジタル・ネットワーク社会における出版物の利活用の推進に関する懇談会　http://www.soumu.go.jp/main_content/000075191.pdf　（引用日：2016-03-18）

■ 第3章　デジタル・アーカイブとしての国立国会図書館

表3-1-6　デジタル化資料提供状況（2016年1月時点）

資料種別	デジタル化資料提供数（概数）			
	インターネット公開資料	図書館送信対象資料1)	国立国会図書館内提供資料	合計
図書	35万点	50万点	5万点	90万点
雑誌	0.9万点	78万点	45万点	123.5万点
古典籍	7万点	2万点	-	9万点
博士論文	1.5万点	11.5万点	1万点	14万点
官報	2万点	-	-	2万点
憲政資料	300点	-	-	300点
日本占領関係資料	3万点	-	0.1万点	3万点
プランゲ文庫	-	-	2万点	2万点
歴史的音源	0.1万点	-	4.8万点2)	5万点
科学映像	-	-	300点	300点
脚本	2点	-	33点	35点
新聞	6点	-	-	6点
合計	49万点	141.5万点	58万点	248.5万点

1) 図書館向けデジタル化資料送信サービス（図書館送信）に参加している公共・大学図書館等の参加館及び国立国会図書館の館内で閲覧できる資料です。
2) 歴史的音源配信提供参加館及び国立国会図書館の館内で聴くことができる音源です。

出典：国立国会図書館「資料デジタル化について」
http://www.ndl.go.jp/jp/aboutus/digitization/#overview（引用日：2016-03-18）

況認識が示され、「そのため、関係者が広く集まり、デジタル・ネットワーク社会における出版物の利活用の推進に向けた検討を行うこと」（p.68）と懇談会発足の目的が書かれている。

そして、国立国会図書館については、「納本制度に基づいて国内で出版されたすべての出版物を収集・保存する我が国唯一の法定納本図書館である国立国会図書館には、膨大な出版物が所蔵されている。しかしながら、その膨大な知のインフラにアクセスできるのは国民のほんの一部に過ぎない。国立国会図書館を始め、膨大な知のインフラに国民の誰もが容易にアクセス可能とする環境整備（知のインフラの整備）が求められている」（p.13）と資料の有効な活用が求められることとなった。

具体的な方策については、「国民の『知のアクセス』の確保や関係者との合意を図るという観点から国立国会図書館を始めとしたデジタル・ネットワーク社会における図書館の在り方について検討するため、今後、関係者において、

『デジタル・ネットワーク社会における図書館の在り方検討協議会（仮称）』を設置し、関係者間で合意が得られたものから逐次実現に向けた取組を実施する。国としても、取組が円滑に実現できるよう、例えば、実証実験に係る支援を行うなど側面から支援することが適当である」(p.23) とされたのである。

　この報告書を受けて、2010 年 11 月から文化庁において「電子書籍の流通と利用の円滑化に関する検討会議」が開催され、2011 年 12 月 21 日に報告書がまとめられた[*24]。

　この報告書では、国会図書館のデジタル化資料を各家庭等まで送信することが実現できれば、送信サービスの利便性は極めて高いものになるが、解決するべき課題が多く、関係者間において協議を行う必要があるため、サービスの実施までに相当の期間を要することが想定されるとして (p.7)、送信先を公共図書館と大学図書館等に限定する案が示された (p.8)。

　そして、「①送信先、②対象出版物の範囲、③利用方法を限定した上で送信サービスを実施することについては、各家庭等までの送信に比べて、早期に権利者、出版者の合意を得ることが可能であると想定される」(p.8) として、送信先を公立図書館と大学図書館に限定することについて、それぞれ次のように述べている。

　「地域の公立図書館については、社会教育上重要な機能を有する施設であり、情報管理に係る一定の体制が整備されていることや、誰もが無料で図書館を利用することが可能であることから、当該図書館を国民のアクセスポイントとして設定することは有益であると考えられる。この点、公立図書館が設置されていない自治体が一定程度存在するなどの問題はありながらも、国民の『知のアクセス』の向上、情報アクセスに係る地域間格差の解消につながる点において意義深いものである」(p.8)

　「また、大学図書館のような教育・研究機関の図書館については、例えば、日本古典文学を研究する学生等が大学の図書館で、国会図書館にしか所蔵されていない希少な出版物を用いた研究が可能となるなどその利点は大きく、送信サービスの受け手として考えられるべきである。さらに、高校生等による探求型学習等における送信サービスの利用が想定されることから、学校図書館につ

＊ 24　『電子書籍の流通と利用の円滑化に関する検討会議　報告』(2011 年 12 月 21 日)　http://www.bunka.go.jp/seisaku/bunkashingikai/chosakuken/bunkakai/35/pdf/shiryo_3_3.pdf（引用：2016-03-18）

■ 第3章　デジタル・アーカイブとしての国立国会図書館

いても対象とすべきではないかとの意見があった」(p.8)

　また、対象出版物の範囲は「市場における入手が困難な出版物」等とすること (p.9)、利用方法は「ルールに則った運用が担保できる公立図書館等における実施に限定されるという条件の下であれば、プリントアウトを認めることは適当である」とされた (p.10)。

　この検討会議での結論を受けて、「著作権法の一部を改正する法律（平成24年6月27日公布、平成25年1月1日施行）」により、2014年1月21日より国立国会図書館がデジタル化した資料のうち、「市場における入手困難」な資料を公立図書館等に送信し、利用者はこれを閲覧・複写できる「図書館向けデジタル化資料送信サービス」を受けることが可能となった。

　表3-1-6 に示されているように、図書館送信対象資料については141万5千点（2016年1月時点）である。

　また、参加している図書館は639館（2016年2月16日現在で一覧への掲載について了承が得られた図書館数）である[*25]。公立図書館だけでも『図書館年鑑』2015年版によれば3226館、大学図書館だけでも1419館存在することを考えるとこれはきわめて少ない参加館数であるといわなければならない。しかも、すでにサービス開始から2年が経過していることを考えると、特に公立図書館・大学図書館の取り組みはきわめて消極的といわざるをえない状況である。

　前節で述べたボーン・デジタル出版物の収集によって、利用の環境を整えることが喫緊の課題であるように、紙媒体を中心とした所蔵資料のデジタル化によって国立国会図書館の資源が活用できることはきわめて重要なことである。

　「オンライン資料の制度的収集」、そして「所蔵資料のデジタル化」―この2つの動向はデジタル・アーカイブとしての国立国会図書館の可能性を拡大するものであり、そのような情報基盤に依拠して、読書アクセシビリティを保障する国立国会図書館を活用した障害者サービスの新しい展開が可能となるのである。

［3］国立国会図書館未所蔵資料の図書館向けデジタル化資料送信サービス

　一方、2015年3月に開催された第41回著作権審議会著作権分科会において、国立国会図書館のデジタル化資料送信サービスを拡充させる次のような論

＊25　「図書館向けデジタル化資料送信サービス参加館一覧」(2016年2月16日現在) http://dl.ndl.go.jp/ja/soshin_librarylist.html（引用日：2016-03-18）

第1節　読書アクセシビリティの観点から

点が出された[*26]。

> （略）著作物等の活用に関する論点でございます。マル1の国立国会図書館による送信サービスの拡充についてでございますが、アーカイブのために保存した著作物等の活用に当たっては、国立国会図書館にアーカイブの機能を集中させ、国立国会図書館が中心となって、その活用を積極的に行えるような制度が望ましいという意見が示されました。国立国会図書館以外の図書館等がデジタル化した絶版等資料を、国立国会図書館の行う図書館送信サービスにより他の図書館等に送信することについては、現行法上可能であると考えられるとしております。
> また国立国会図書館から外国の図書館等へ、デジタル化した絶版資料の送信サービスを提供することについて御要望がありましたが、この点につきましては、国立国会図書館の役割や業務の位置づけ等を踏まえ、検討を行うことが適当であるとしております。
> なお、国立国会図書館の図書館送信サービスの拡大に当たっては、関係者の意見を十分に聴取し、利害調整がなされるべきとの意見も示されました。

この議論の根拠となっているのは、「平成26年度法制・基本問題小委員会の審議の経過等について」にある下記の部分である[*27]。

> 国立国会図書館からの要望のうち、国立国会図書館以外の図書館等がデジタル化した絶版等資料を、国立国会図書館の行う図書館送信サービスにより、他の図書館等に送信することについては、現行法上可能であると考えられる。すなわち、絶版等資料については、法第31条第1項第3号により、公共図書館等が国立国会図書館の求めに応じ、図書館資料の複製物を提供することが可能である。また、国立国会図書館は、同条第2項の規定により提供された複製物を同条第3項に規定される図書館送信サービ

---

* 26　文化庁「文化審議会著作権分科会（第41回）議事録」。http://www.bunka.go.jp/seisaku/ bunkashingikai/chosakuken/bunkakai/41/index.html（引用日：2016-03-18）
* 27　平成27年3月第41回文化審議会著作権分科会報告資料「平成26年度法制・基本問題小委員会の審議の経過等について」（p.11）　http://www.bunka.go.jp/seisaku/bunkashingikai/ chosakuken/bunkakai/41/pdf/shiryo_3.pdf（引用日：2016-03-18）

73

■ 第3章　デジタル・アーカイブとしての国立国会図書館

スのために専用サーバーに複製することが可能であり、その後、同項の規定により他の図書館等に自動公衆送信を行うことができると考えられる。

図書館等がデジタル化した資料のうち、国立国会図書館が所蔵していないものを国立国会図書館が収集し、必要とする他の図書館に自動公衆送信できるとするこの著作権法の解釈の明確化は、日本国内におけるデジタル・アーカイブの利活用にとってきわめて重要な意義を持つものとして高く評価することができる。

この解釈により、国立国会図書館は著作権の保護期間が満了した著作物でなくとも、それが絶版等、市場における入手困難性が明確な資料であれば、デジタル化資料の相互貸借機能を発揮できることになった。

例えば公共図書館が所蔵する地域資料などは国立国会図書館が所蔵していないものが数多く存在する。これまで複製権、公衆送信権の制約を受けていたこれらの資料のデジタル化と送信サービスが実現することにより、デジタル化を活用した図書館資料の円滑な流通は飛躍的に増大することは疑いえないのである。

国立国会図書館は著作権者や出版者団体等関係者との協議を行い、図書館等にこの仕組みを周知し、国民への資料提供に速やかに取り組む必要があろう。

3.　国立国会図書館の障害者サービスの可能性
［1］視覚障害者等用データ送信サービスの新展開

障害者の読書アクセシビリティ向上を目的として、ICT 技術を活用する図書館の取り組みとして、国立国会図書館の「視覚障害者等用データ送信サービス」がある。

2015 年 11 月 12 日に開催された「第 17 回図書館総合展」では、立命館大学 IRIS（電子書籍の普及に伴う読書アクセシビリティの総合的研究）主催で「大学図書館におけるアクセシビリティ」をテーマにフォーラムが開催され、国立国会図書館の図書館協力課障害者図書館協力係の安藤一博係長による「国立国会図書館の障害者サービス：視覚障害者等用データ送信サービスを中心に」と題する報告があった[28]。

---

* 28　安藤一博「国立国会図書館の障害者サービス：視覚障害者等用データ送信サービスを中心に」
　　　（2015 年 11 月 12 日、立命館大学 IRIS 主催「図書館総合展フォーラム大学図書館におけるアクセシビリティ」配布資料）

74

第1節　読書アクセシビリティの観点から

表3-1-7　視覚障害者等用データの送信点数（2015年9月30日現在）

	音声DAISY	点字データ	合計
国立国会図書館が製作	999	15	1,014
公共図書館から収集	3,456	42	3,498
合計	4,455	57	4,512

出典：安藤一博「国立国会図書館の障害者サービス：視覚障害者等用データ送信サービスを中
　　　心に」（2015年11月12日、立命館大学IRIS主催「図書館総合展フォーラム　大学図書館
　　　におけるアクセシビリティ」配布資料）

この報告によれば、**表3-1-7**のように2015年9月30日現在、「国立国会
図書館が製作した学術文献録音DAISYデータ」と「公共図書館が製作した音
声DAISYデータ及び点字データ」の合計4512点のデータを、この「視覚障
害者等用データ送信サービス」で提供することが可能になっている。

その後、国立国会図書館のホームページによれば、2016年1月末現在では、
音声DAISY 4840点、点字データ131点に増加している[29]。

また、図書館からの利用では、「送信承認館」となっている公共図書館や大
学図書館等を通じて利用することが可能であり、2016年1月末現在、送信
サービスの送信承認館は全国の63館、データ提供館は39館である[30]。

一方、個人の利用では、国立国会図書館の専用IDを取得し、個人のPCか
らも利用可能だが、まず国立国会図書館の東京本館か関西館に来館し、登録す
る必要がある。

さらに、2014年6月3日からは「サピエ図書館」から、2015年8月5日
からは「サピエ図書館」のデイジーオンラインサービスから、プレクストーク
リンクポケットで利用可能となっている。

これまで国立国会図書館では1975年から2015年3月末までの約40年間
で、カセット・テープで2112冊分、DAISY録音図書で878冊分の合計2990
冊分の学術文献録音図書を製作し、また国内の公共図書館、点字図書館等で製
作され、所蔵されている点字図書と録音図書を検索できる総合目録を1982年

＊29　国立国会図書館「視覚障害者用等送信サービス」http://www.ndl.go.jp/jp/service/support/
　　　send.html（引用日：2016-03-18）
＊30　国立国会図書館「視覚障害者等への図書館サービス　各サービスの承認館・参加館一覧」
　　　http://www.ndl.go.jp/jp/library/supportvisual/supportvisual_partic_1.html（引用日：2016-
　　　03-18）

■ 第3章　デジタル・アーカイブとしての国立国会図書館

に刊行し、その後、提供形態は冊子体からデータベース、CD-ROM と変遷し、現在では OPAC で Web 公開を行っている。

　それが現在では、「視覚障害者等用データ送信サービス」をさらに進展させ、例えば以下の4つの計画を進めるという*31。

（1）視覚障害者等用データの収集において、公共図書館からデータを国立国会図書館のシステムに直接登録していただく方法を追加。2016年1月開始予定。

（2）データ提供館の拡大。公共図書館に加えて、大学図書館、文化庁指定機関等の「著作権法施行令第2条で定められた視覚障害者等のための複製等が認められる者」に拡大することを検討。2016年度開始予定。

（3）収集するデータ種別の拡大。音声 DAISY、点字データに加えて、マルチメディア DAISY、テキスト DAISY、テキストデータに拡大することを検討。2016年度開始予定。

（4）郵送等による個人の利用者登録の開始。

　このように現在、国立国会図書館における読書アクセシビリティを保障する取り組みが活発化していることについては高く評価することができる。

　そもそも、1960年代までの視覚障害者の読書アクセシビリティに関する状況は、点字図書館に専門資料がほとんどなく、文部省（当時）管轄の公共図書館は視覚障害者が利用できない状況が続いていた。そこで、不用になった点字図書や録音図書を1か所に集めて目録をつくり、後輩の「盲学生」に貸出しようと1967年11月に結成された「盲学生図書館 SL（スツーデント・ライブラリー）」のメンバーが、1969年6月に東京都・日比谷図書館と国立国会図書館を訪問して門戸開放を求め、1970年から正式に対面朗読などが事業化されたことが、日本の公共図書館における障害者サービスの始まりであり*32、この最初の段階から国立国会図書館が関与していることは興味深い。

　国立国会図書館では点字資料、大活字資料、拡大図書、録音テープ、DAISY

＊31　＊30を参照。
＊32　日本図書館協会障害者サービス委員会編『障害者サービス　補訂版』、日本図書館協会、2003、pp.26-27

図書の検索とともに、墨字の資料の複写申込みも可能な体制を整備し、さらに障害者サービスを実施している各種図書館に対して、障害者サービス担当職員向け講座の開催や、視覚障害者等を対象とした資料の図書館間貸出サービスなどの支援・協力事業も行っている。

しかし、これからは「視覚障害者等用データ送信サービス」のように、今日のICTを活用した図書館サービスをさらに展開することがますます重要になってくると考えられる。

［2］国立国会図書館の新たな可能性

前項までに取り上げた国立国会図書館による「オンライン資料の収集」と「所蔵資料の大規模デジタル化」、そして「視覚障害者等の複製等」に関して著作権者の権利を制限する著作権法第37条第3項の規定の新設により、ICTを活用した読書アクセシビリティを保障する新たな図書館サービスの可能性は広がっている。

第1に、オンライン資料の制度的収集の対象が2015年12月より開始された「国立国会図書館　電子書籍・電子雑誌収集実証実験」によって民間の商業出版物に広がり、紙と同時に刊行される「サイマル出版」や「ハイブリッド出版」と呼ばれる電子出版物、あるいは対応する紙媒体がない「ボーン・デジタル出版」の電子出版物を国立国会図書館のサーバに格納することができれば、今後、視覚障害者等に限定した電子書籍や電子雑誌の音声読み上げサービスが提供できる可能性がある。

第2に、所蔵資料の大規模デジタル化が次の段階として、テキストデータ化される方向に進めば、全文データベース化されると同時に、音声読み上げサービスが提供できる可能性がある。

第3に、著作権法の「視覚障害者等の複製等」に関する著作者の権利制限を規定した第37条第3項によって、図書館が資料をテキストデータ化し、音声読み上げサービスが提供できる可能性がある。

ただ、以上の3点はあくまでも可能性であって、現時点ではさまざまな障壁が立ちはだかっている。

例えば、第1の収集したオンライン資料がただちに音声読み上げに対応しているわけではない。著者によっては自動音声読み上げ機能によって自らの作

■ 第3章　デジタル・アーカイブとしての国立国会図書館

品を読まれることを忌避する場合があり、出版社からすればすべての出版物について音声読み上げ対応するところまで至っていないのである。

　また第2の所蔵資料の大規模デジタル化については、そこで制作されたデジタルデータはテキストデータではなく画像データであるという問題がある。国立国会図書館は、文化審議会の「過去の著作物等の利用の円滑化のための方策について（中間総括）」（2008年5月）を受けて、2008年度に著作権者・出版者団体、大学、図書館など関係の団体や機関をメンバーとして「資料デジタル化及び利用に係る関係者協議会」を開始し、2009年3月に「資料デジタル化及び利用に係る関係者協議会 第一次合意事項」を公表した。

　そこでは「(1) 保存を目的とする国立国会図書館所蔵資料のデジタル化は、画像データの作成を当面の範囲とする。方法及びフォーマットは、「国立国会図書館資料デジタル化の手引き」（平成17年3月）に準拠する。(2) 検索利用等を目的とした資料の「テキスト化」の実施については、今後の検証事業等の結果を踏まえてあらためて、関係者との協議により方針を定める。(3) デジタル化の実施に際しては、権利者を始めとする関係者の理解と協力を得るように努め、民間の市場経済活動を阻害することがないよう十分に留意する」という基本方針を定めている。

　つまり、まずは「画像データの作成」を当面の範囲として、著作権者や出版者団体の合意を得て、デジタル化事業を進めているのである。そこでテキストデータ化については、別に「全文テキスト化実証実験」を行うところとなった。2010年11月から2011年1月まで、国立国会図書館では視覚障害者のアクセシビリティ確保および全文テキスト検索サービス実現に向けた技術的課題に関する実証実験を行ったのである[33]。

　この実証実験では、「国立国会図書館の所蔵資料20,000冊（明治期、大正期、昭和期刊行）のデジタル化画像について、OCR処理を行い、全文テキストデータを作成」し、「OCR処理における文字の認識率を算出（一部については、校正作業・辞書更新後の認識率向上の効果を検証）」した。また、こうして作成された全文テキストデータは全文検索・表示システムプロトタイプに投入するテストデータとして使用されたのである。詳細は『全文テキスト化実証実験報告

─────────
＊33　国立国会図書館「資料デジタル化について」http://www.ndl.go.jp/jp/aboutus/digitization/（引用日：2016-03-18）

第 1 節　読書アクセシビリティの観点から

書』として公開されている＊34。

　本来であれば、「視覚障害者等用データ送信サービス」の仕組みを使って、全文テキスト化された国立国会図書館の所蔵資料を視覚障害者等に提供すればよいわけであるが、現時点ではこのテキストデータ化に膨大なコストがかかることは明らかである。

　前述したように国立国会図書館による視覚障害者等用送信サービスの送信承認館 63 館、データ提供館 39 館というのは全国の公共図書館数は 3226 館＊35であることからすればあまりに少なすぎる。

　これはアクセシブルなインターフェースが提供できていないという課題、また国立国会図書館による広報不足が原因であることが、2016 年 3 月 2 日に開催された「公開シンポジウム　電子書籍の出版・流通と図書館の課題―読書アクセシビリティを中心に」（立命館大学 IRIS 主催、ステーションコンファレンス東京）のパネルディスカッションにおける登壇者と会場とのやりとりの中で指摘された＊36。

　視覚障害者用等送信サービスの対象となる出版コンテンツが国立国会図書館がデジタル化した所蔵資料全般に広がり、簡便な音声読み上げ機能を持ち、全国の公共図書館や大学図書館のすべてが送信承認館となれば、日本国内における視覚障害者等の読書アクセシビリティの保障はほぼ完璧なものとなる。しかし、そのためにはテキストデータ化するための予算的措置が必要である。

　2016 年度からは国立国会図書館は公共図書館だけでなく、大学等の図書館等からも視覚障害者等用データを収集する方針を公表している。本来、納本制度によって収集された国立国会図書館の所蔵資料をテキストデータ化して、自館の視覚障害者等用送信サービスによって提供すれば解決することだが、現時点ではやむを得ない措置であろう。

＊34　「全文テキストデータ化実証実験」http://www.ndl.go.jp/jp/aboutus/digitization/fulltextreport.
html（引用日：2016-03-18）

＊35　『図書館年鑑 2015 年版』日本図書館協会、2015、p.304

＊36　公開シンポジウム「電子書籍の出版・流通と図書館の課題——読書アクセシビリティを中心に」
（2016 年 3 月 2 日 14:00-16:30、ステーションコンファレンス東京 5 階 503CD、登壇者：石
川准・静岡県立大学教授、内閣府障害者政策委員会委員長、植村八潮・専修大学教授、今川拓
郎・総務省情報流通行政局情報流通振興課長、松原聡・東洋大学副学長、電流協アクセシビ
リティ研究委員会委員長、松原洋子・立命館大学教授、R-GIRO 研究プログラム「電子書籍普
及に伴う読書アクセシビリティの総合的研究」代表、盛田宏久・大日本印刷株式会社　honto
ビジネス本部　教育事業開発ユニット企画開発第 2 部、湯浅俊彦・立命館大学教授）

第3章　デジタル・アーカイブとしての国立国会図書館

　以上述べてきたように、オンライン資料の制度的収集、そして所蔵資料の大規模デジタル化によって国立国会図書館が持つデジタル化資料を、著作権法の「視覚障害者等の複製等」に関する著作者の権利制限を規定した第37条第3項によって、視覚障害者等に提供すればよいわけであるが、ここで著作権法について見ておこう。

　2010年1月に施行された「著作権法の一部を改正する法律」では、第37条第3項に図書館が視覚障害者等に対して著作物の複製や自動公衆送信を行うことができることが規定されている（新旧の変更部分を傍線で示した）。

（旧）

（視覚障害者等のための複製等）

第三十七条　公表された著作物は、点字により複製することができる。

2　公表された著作物については、電子計算機を用いて点字を処理する方式により、記録媒体に記録し、又は公衆送信（放送又は有線放送を除き、自動公衆送信の場合にあつては送信可能化を含む。）を行うことができる。

3　点字図書館その他の視覚障害者の福祉の増進を目的とする施設で政令で定めるものにおいては、公表された著作物について、専ら視覚障害者向けの貸出しの用若しくは自動公衆送信（送信可能化を含む。以下この項において同じ。）の用に供するために録音し、又は専ら視覚障害者の用に供するために、その録音物を用いて自動公衆送信を行うことができる。

（新）

（視覚障害者等のための複製等）

第三十七条　公表された著作物は、点字により複製することができる。

2　公表された著作物については、電子計算機を用いて点字を処理する方式により、記録媒体に記録し、又は公衆送信（放送又は有線放送を除き、自動公衆送信の場合にあつては送信可能化を含む。）を行うことができる。

3　視覚障害者その他視覚による表現の認識に障害のある者（以下この項及び第百二条第四項において「視覚障害者等」という。）の福祉に関する事業を行う者で政令で定めるものは、公表された著作物であつて、視覚によりその表現が認識される方式（視覚及び他の知覚により認識される方式を含む。）

第 1 節　読書アクセシビリティの観点から

により公衆に提供され、又は提示されているもの（当該著作物以外の著作物
で、当該著作物において複製されているものその他当該著作物と一体として公
衆に提供され、又は提示されているものを含む。以下この項及び同条第四項に
おいて「視覚著作物」という。）について、専ら視覚障害者等で当該方式に
よつては当該視覚著作物を利用することが困難な者の用に供するために必
要と認められる限度において、当該視覚著作物に係る文字を音声にするこ
とその他当該視覚障害者等が利用するために必要な方式により、複製し、
又は自動公衆送信（送信可能化を含む。）を行うことができる。ただし、当
該視覚著作物について、著作権者又はその許諾を得た者若しくは第七十九
条の出版権の設定を受けた者により、当該方式による公衆への提供又は提
示が行われている場合は、この限りでない。

　この著作権法改正を受けて、2010 年 2 月 18 日に「図書館の障害者サービ
スにおける著作権法第 37 条第 3 項に基づく著作物の複製等に関するガイドラ
イン」（国公私立大学図書館協力委員会、全国学校図書館協議会、全国公共図書館協
議会、専門図書館協議会、日本図書館協会）が策定された。
　ガイドラインを要約すると、以下のような取扱いが示されている＊37。

（1）ガイドラインの対象となる図書館
　著作権法施行令第 2 条第 1 項各号に定める図書館＊38。
（2）資料を利用できる者
　視覚著作物をそのままの方式では利用することが困難な者。
　視覚障害、聴覚障害、肢体障害、精神障害、知的障害、内部障害、発達障
害、学習障害、いわゆる「寝たきり」の状態、一過性の障害、入院患者、その
他図書館が認めた障害。
（3）図書館が行う複製（等）の種類
　視覚障害者等が利用しようとする当該視覚著作物にアクセスすることを保障
する方式。録音、拡大文字、テキストデータ、マルチメディアデイジー、布の

＊37　「図書館の障害者サービスにおける著作権法第 37 条第 3 項に基づく著作物の複製等に関する
　　　ガイドライン」（国公私立大学図書館協力委員会、全国学校図書館協議会、全国公共図書館協
　　　議会、専門図書館協議会、日本図書館協会）http://http://www.jla.or.jp/portals/0/
　　　html/20100218.html（引用日：2014-03-12）

81

第3章　デジタル・アーカイブとしての国立国会図書館

絵本、触図・触地図、ピクトグラム、リライト（録音に伴うもの、拡大に伴うもの）、各種コード化（SPコードなど）、映像資料のサウンドを映像の音声解説とともに録音すること等。

(4) 図書館間協力

　視覚障害者等のための複製（等）が重複することのむだを省くため、視覚障害者等用資料の図書館間の相互貸借は積極的に行われるものとする。また、それを円滑に行うための体制の整備を図る。

　このガイドラインが画期的であったのは、資料を利用できる読書困難者の定義がきわめて広範である上に「その他図書館が認めた障害」と図書館現場の判断に委ねている点である。さらにガイドラインの別表には「障害者手帳の所持」や「医療機関・医療従事者からの証明書がある」などの項目以外に「活字をそのままの大きさでは読めない」「活字を長時間集中して読むことができない」「目で読んでも内容が分からない、あるいは内容を記憶できない」「身体の病臥状態やまひ等により、資料を持ったりページをめくったりできない」「そ

＊38　著作権施行令　（視覚障害者等のための複製等が認められる者）
　　　第二条　法第三十七条第三項（法第八十六条第一項及び第百二条第一項において準用する場合を含む。）の政令で定める者は、次に掲げる者とする。
　　　一　次に掲げる施設を設置して視覚障害者等のために情報を提供する事業を行う者（イ、ニ又はチに掲げる施設を設置する者にあつては国、地方公共団体又は一般社団法人等、ホに掲げる施設を設置する者にあつては地方公共団体、公益社団法人又は公益財団法人に限る。）
　　　　　イ　児童福祉法（昭和二十二年法律第百六十四号）第七条第一項の障害児入所施設及び児童発達支援センター
　　　　　ロ　大学等の図書館及びこれに類する施設
　　　　　ハ　国立国会図書館
　　　　　ニ　身体障害者福祉法（昭和二十四年法律第二百八十三号）第五条第一項の視聴覚障害者情報提供施設
　　　　　ホ　図書館法第二条第一項の図書館（司書等が置かれているものに限る。）
　　　　　ヘ　学校図書館法（昭和二十八年法律第百八十五号）第二条の学校図書館
　　　　　ト　老人福祉法（昭和三十八年法律第百三十三号）第五条の三の養護老人ホーム及び特別養護老人ホーム
　　　　　チ　障害者の日常生活及び社会生活を総合的に支援するための法律（平成十七年法律第百二十三号）第五条第十二項に規定する障害者支援施設及び同条第一項に規定する障害福祉サービス事業（同条第七項に規定する生活介護、同条第十三項に規定する自立訓練、同条第十四項に規定する就労移行支援又は同条第十五項に規定する就労継続支援を行う事業に限る。）を行う施設

第1節　読書アクセシビリティの観点から

の他、原本をそのままの形では利用できない」とじつに広範囲の障害を対象と
していることが分かる。

　この著作権法改正による視覚障害者等への図書館サービスの新しい展開と、
国立国会図書館のデジタル化の進展により、読書アクセシビリティの課題は
まったく新たなステージに到達しつつあると言えるだろう。

　すなわち、従来の対面朗読、点字、DAISY、録音図書等の図書館サービスを、
国立国会図書館のデジタル・アーカイブを活用することにより画期的な解決策
を提供することができるのである。

4.　結　論

　障害者の読書アクセシビリティを保障する国立図書館の役割を考えるため
に、本稿では国立国会図書館における電子図書館事業の現状と課題を整理して
示した。そこで明らかになったことは、次のことである。

(1) 国立国会図書館による「オンライン資料の制度的収集」の新たな取り組
　　みにより、これまで収集されていなかった商業出版の電子出版物を収集
　　する可能性が生じた。今後は音声読み上げ可能な状態で視覚障害者等に
　　提供することが求められる。

(2) 従来の「納本制度」に基づき網羅的に収集されてきた国内出版物につい
　　ては、大規模デジタル化や著作権法改正による著作権の保護期間を満了
　　していないものについてもデジタル化が可能となった。今後はこれをテ
　　キストデータ化し、視覚障害者等に提供することが求められる。

(3) 国立国会図書館が所蔵していない資料で絶版等、市場における入手困難
　　な資料について、図書館等が作成したデジタル化成果物を国立国会図書
　　館が受け入れることが可能となった。今後はこれをテキストデータ化
　　し、「図書館向けデジタル資料送信サービス」により視覚障害者等に提
　　供することが求められる。

(4) 以上3つの、位相の異なるデジタル化された出版物を対象に、「著作権
　　法第37条第3項」の権利制限規定により国立国会図書館が視覚障害者
　　等に対して著作物の複製や自動公衆送信を行うことができれば、日本国
　　内における読書アクセシビリティの保障はきわめて効果的に実現するこ

83

■ 第3章　デジタル・アーカイブとしての国立国会図書館

とになる。

(5) したがって今後、電子出版物の音声読み上げ機能の実装化、所蔵資料の
テキストデータ化の徹底、図書館向けデジタル資料送信サービスの参加
館数の最大化といった諸課題を解決すべく、日本の図書館界が出版界の
協力を得ながら、視覚障害等を有する人たちの読書アクセシビリティの
保障に向けて取り組んでいくことが重要である。

第2節 その後の展開

1. 電子書籍・電子雑誌収集実証実験事業

　2009年10月、国立国会図書館第17回納本制度審議会における長尾真館長（当時）の電子書籍や電子雑誌などオンライン資料の制度的収集に関する諮問を受け、2010年6月、第19回納本制度審議会において「答申　オンライン資料の収集に関する制度の在り方について」が長尾真館長に手交された。

　しかし、出版社団体を対象としたオンライン資料の収集制度についての説明会の中で、批判的意見が相次ぎ、ただちに制度化することが困難となったことは前節で述べたとおりである。

　結局、オンライン資料のうち「DRM等の付与されていない無償出版物」についてはオンライン資料収集制度（eデポ）としてその収集が開始されたが、商業出版物の収集については先送りされた。

　そして2015年7月に国立国会図書館の「電子書籍・電子雑誌収集実証実験事業」を日本電子書籍出版社協会（電書協）が受託し、第1段階会議、第2段階会議と分けて実証実験と検討会議が行われることになったのである。

　2016年3月10日に開催された第1段階会議の第1回から2018年12月12日の第8回まで、合計8回の会議が開催された。

　第1段階会議では、実証実験の受託者である日本電子書籍出版社協会が「電子文庫パブリ」を運営するモバイルブック・ジェーピーを通して協力が得られた37社3806作品の電子書籍・電子雑誌データを国立国会図書館に送信し、国立国会図書館東京本館、関西館、国際子ども図書館の3館合わせて730台のコンピュータ端末で来館利用者が閲覧する実験を実施した。利用者が電子書

■ 第3章　デジタル・アーカイブとしての国立国会図書館

籍・電子雑誌の閲覧を申し込む都度、国立国会図書館施設内の端末に暗号化された データが送信される仕組みである。

　利用者の「アンケート集計結果」と「利用ログ集計結果」が会議で示され、これをもとに今後の制度設計も含めて、22 名の委員が討議を行った。

　利用者アンケートでは、17 のアンケート項目について、2015 年 12 月 1 日から 2018 年 9 月 30 日までの集計で 426 人の利用者から回答が得られた。

集計結果の概要をまとめると、以下のとおりである[1]。

(1)　年齢は、18 歳から 29 歳が 150 人（36%）、30 歳から 39 歳が 79 人（19%）、50 歳から 59 歳が 81 人（19%）、40 歳から 49 歳が 77 人（18%）など。

(2)　職業は、会社員・公務員・団体職員が 208 人、学生が 96 人、無職が 28 人、自営業・自由業が 22 人など。

(3)　電子書籍作品の検索方法は、普通 170 人（41%）、良い 135 人（32%）、とても良い 55 人（13%）、悪い 49 人（12%）など。

(4)　電子書籍閲覧ビューア全般の読みやすさについては、普通 147 人（36%）、良い 144 人（35%）、とても良い 72 人（17%）、悪い 42 人（10%）など。

(5)　電子書籍閲覧ビューアの機能のうち文字サイズの変更機能については、普通 127 人（31%）、使いやすい 113 人（27%）、使わなかった 92 人（22%）、とても使いやすい 40 人（10%）など。

(6)　電子書籍閲覧ビューアの機能のうち書体（フォント）の変更機能については、普通 131 人（32%）、使わなかった 115 人（28%）、使いやすい 88 人（21%）、とても使いやすい 42 人（10%）など。

(7)　電子書籍閲覧ビューアの機能のうち本文内のテキスト検索については、普通 135 人（33%）、使わなかった 116 人（28%）、使いやすい 81 人（20%）、とても使いやすい 47 人（11%）など。

(8)　館内での電子書籍閲覧をどのくらい利用したかについては、初めて

---

[1]　国立国会図書館電子書籍・電子雑誌収集実証実験事業第 1 段階会議第 8 回配布資料により、筆者が整理（2018 年 12 月 12 日、アルカディア市ヶ谷）

341 人（82%）、2 回目 31 人（7%）、3 回から 5 回目 22 人（5%）など。

（9）　今回の来館で閲覧した電子書籍の冊数については、1 冊 188 人（46%）、2 冊 89 人（22%）、3 冊 67 人（17%）、4 冊 23 人（6%）など。

（10）　館内での電子書籍閲覧において、あった方が良い機能については、無記入 182 人、プリントアウト機能 181 人、音声読み上げ機能 58 人、その他 41 人であった。

（11）　電子書籍を読んだことがあるかについては、ある 342 人（81%）、ない 79 人（19%）、無記入 5 人。

（12）　電子書籍の読書頻度は「読んだことがある」と答えた 342 人のうち、166 人（50%）が 2 ～ 3 か月に 1 冊、88 人（26%）が月に 1 ～ 3 冊、79 人（24%）が週に 1 冊以上であった。

（13）　電子書籍を購入したことがあるかについては、「読んだことがある」と答えた 342 人のうち、購入したことがある 232 人（69%）、購入したことがない 103 人（31%）となっている。

（14）　電子書籍に興味を持ったかを問う設問では、「読んだことがない」「購入したことがない」と答えた 182 人のうち、108 人（65%）が興味を持ったが購入しない、28 人（17%）が興味を持ったので購入したい、25 人（15%）が興味を持たなかった、という回答であった。

　アンケート調査では、ほかに国立国会図書館の電子書籍閲覧に対する意見や感想を問うものがあり、じつにさまざまな意見が述べられていた。

　2018 年 12 月 12 日の第 1 段階会議（第 8 回）が終了し、2019 年からは第 2 段階会議に進み、暗号化された電子書籍・電子雑誌データの国立国会図書館での保存・利用に関する実験を行う想定となっている。

2. デジタル化資料送信サービス

　2014 年 1 月 21 日より、国立国会図書館がデジタル化した資料のうち、「市場における入手困難」な資料を大学図書館、公共図書館等に送信し、利用者がこれを閲覧・複写できる「図書館向けデジタル化資料送信サービス」が始まった。

■ 第3章　デジタル・アーカイブとしての国立国会図書館

　2016年2月16日現在で参加している図書館数は639館と前節で述べた
が、2018年12月17日現在、すなわち2年10か月程で365館増加し、
1004館となっている（いずれも一覧への掲載について了承が得られた図書館
数）*2。

　増加傾向にはあるものの、公共図書館、大学図書館の数からいえば、全館に
導入されるのはまだ遠い道のりといわざるをえない。法律を改正し、制度化さ
れても、地域の情報センターとしての公共図書館、また学術情報流通の担い手
としての大学図書館で導入できていない図書館があるのはまことに残念なこと
である。

　2018年5月18日、「著作権法の一部を改正する法律」が第196回通常国
会において成立し、2018年5月25日に「平成30年法律第30号」として公
布、一部の規定を除いて2019年1月1日に施行される。この改正によって、
国立国会図書館による外国の図書館への絶版等資料の送信（著作権法第31条関
係）が可能となった。

　文化庁は、その文化発信の意義を次のように指摘している*3。

　絶版等の理由により一般に入手困難な資料で、デジタル化した資料を、国立国
会図書館が他の図書館等に送信することができる図書館送信サービスについ
て、日本文化の発信等の観点から、外国の図書館等の施設に対しても送信でき
ることを規定しています。これにより、日本研究を行っている外国の図書館等
に貴重な資料を提供できることとなるものと考えられます。

　具体的な条文の改定を見ると、次のようになっている*4。

　　第三十一条第三項中「、図書館等」の下に「又はこれに類する外国の施設
　　で政令で定めるもの」を加える。

─────────────

＊2　国立国会図書館「図書館向けデジタル化資料送信サービス参加館一覧」（2018年12月17日現
　　在）http://dl.ndl.go.jp/ja/soshin_librarylist.html（引用日：2018-12-22）

＊3　文化庁「著作権法の一部を改正する法律（平成30年法律第30号）について（4）アーカイブ
　　の利活用促進に関する権利制限規定の整備等」http://www.bunka.go.jp/seisaku/chosakuken/
　　hokaisei/h30_hokaisei/（引用日：2018-12-22）

＊4　「著作権法の一部を改正する法律（平成30年法律第30号）」http://www.bunka.go.jp/seisaku/
　　chosakuken/hokaisei/h30_hokaisei/pdf/r1406693_03.pdf（引用日：2018-12-22）

第 2 節　その後の展開

表3-2-1　国立国会図書館「図書館等が製作し国立国会図書館が収集した視覚障害者等用データ」

	音声DAISY	マルチメディアDAISY	テキストDAISY	プレーンテキスト	点字データ	合計
国立国会図書館が製作	1,325点	0点	4点	0点	19点	1,348点
他機関からの収集	15,250点	42点	7点	178点	1,075点	16,552点
合計	16,575点	42点	11点	178点	1,094点	17,900点

注：http://www.ndl.go.jp/jp/support/send.html（引用日：2018-12-22）

　この改正によって、海外の大学が設置している東アジア図書館の利用者の資料活用機会は格段と向上し、日本関係文献のデジタル化の遅れにより研究者そのものが減ってしまうという事態を少しでも押しとどめることができよう。

3.　視覚障害者等用データ送信サービス

　障害者の読書アクセシビリティ向上を目的として、ICT 技術を活用する図書館の取り組みとして、国立国会図書館の「視覚障害者等用データ送信サービス」がある。

　前節で 2016 年 1 月末現在、音声 DAISY 4840 点、点字データ 131 点としたが、その後、**表 3-2-1** のように大幅に増加している。

　このように視覚障害者等に提供できるデータが急増したのは、他機関からの収集が進展しているからである。筆者がメンバーである立命館大学 IRIS（電子書籍普及に伴う読書アクセシビリティの総合的研究プロジェクト）では、立命館大学図書館が視覚障害等を有する学生の依頼を受けて製作した所蔵資料のテキストデータを国立国会図書館に提供する以下のような取り組みを 2016 年 5 月より開始した[5]。

　国立国会図書館の「視覚障害者等用データの収集および送信サービス」におけるデータ収集機関として、立命館大学が新たに登録されました。大学と

---

[5]　立命館大学 IRIS「立命館大学図書館と国会図書館がテキストデータ収集に関する協定締結」http://www.ritsumei.ac.jp/file.jsp?id=94602（引用日：2018-12-22）

89

第3章　デジタル・アーカイブとしての国立国会図書館

しては第一号となります。2016年5月31日付けで協定を締結しました。懸案であった作成済みデータの大学間共有を、国会図書館のサービスを通して実現できることになります。それだけでなく、全国の視覚障害等のある同サービス利用者がテキストデータを活用できるようになります。提供するデータは未定ですが、現時点で立命館大学図書館に蓄積されているタイトルはこちらのとおりです。これらは著作権法第37条第3項にもとづき作成されたものです。

　そして、2018年12月1日現在で、次のように（1）から（447）の書誌データがHPにアップロードされている[*6]。

（1）論文名：『心理学化される現実と犯罪社会学』
雑誌名：『犯罪社会学研究26』
著者名：土井　隆義
出版社：立花書房
資料番号：00150494890
書誌ID:30008317
ページ数:182-198
発行年数:2001
（447）
データ番号：463
資料名：身体障害者雇用促進法の理論と解説
著者名：遠藤政夫著
出版社：日刊労働通信社
資料番号：02110502277
書誌ID：TT40293328
請求記号：369.27/E 59
発行年数：1977年8月
ページ数：454ページ
備考：OCRデータのみ

＊6　＊5に同じ。

第 2 節　その後の展開

　国立国会図書館の検索システム「国立国会図書館サーチ」の「障害者向け資料検索」でキーワードに「プレーンテキスト」、製作者・所蔵館に「立命館大学図書館」と入力して検索すると、図 3-2-1、図 3-2-2 のような画面がヒットする。
　一方、著作権法の改正により、障害者の情報へのアクセス機会の向上が図られることになったことも、大きな変化である。

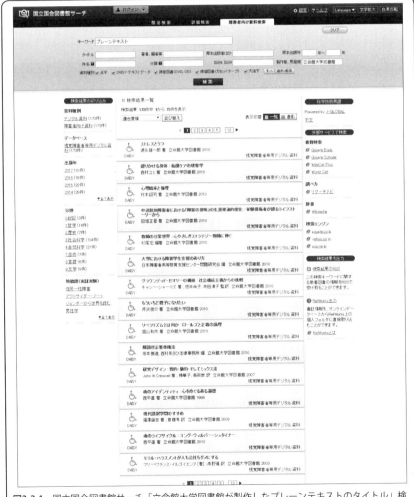

図3-2-1　国立国会図書館サーチ「立命館大学図書館が製作したプレーンテキストのタイトル」検索結果画面　http://iss.ndl.go.jp/（引用日：2018-12-22）

■ 第3章　デジタル・アーカイブとしての国立国会図書館

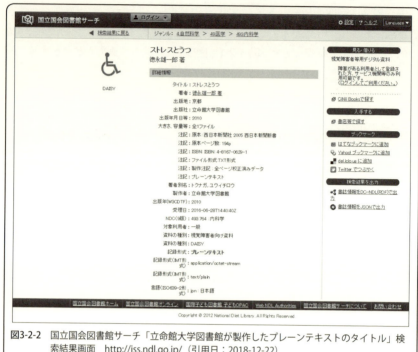

図3-2-2　国立国会図書館サーチ「立命館大学図書館が製作したプレーンテキストのタイトル」検索結果画面　http://iss.ndl.go.jp/（引用日：2018-12-22）

　文化庁が発表した「著作権法の一部を改正する法律（平成30年法律第30号）について」では、「視覚障害者等のために書籍の音訳等を権利者の許諾なく行うことを認める権利制限規定（第37条第3項）において、音訳等を提供できる障害者の範囲について、現行法で対象として明示されている視覚障害や発達障害等のために視覚による表現の認識に障害がある者に加え、新たに、手足を失ってしまった方々など、いわゆる肢体不自由等の方々が対象となるよう規定を明確にしました」と改正著作権法の内容を解説している。

　また、「権利制限の対象とする行為について、現行法で対象となっているコピー（複製）、譲渡やインターネット送信（自動公衆送信）に加えて、新たにメール送信等を対象とすることとしています。これにより、例えば肢体不自由で書籍等を保持できない方のために音訳図書を作成・提供することや、様々な障害により書籍等を読むことが困難な者のために作成した音訳データをメール送信す

ること等を権利者の許諾なく行えることとなるものと考えられます」と、著作権者の権利を制限することによって、さまざまな障害を有する利用者が情報資源にアクセスできる環境を整備することを重視していることが分かる。

改正著作権法の条文では、次のようになっている[7]。

　　　第三十七条第二項中「含む」の下に「。次項において同じ」を加え、同条第三項中「視覚障害者その他」を「視覚障害その他の障害により」に、「に障害のある」を「が困難な」に、「自動公衆送信（送信可能化を含む。）」を「公衆送信」に改める。

一方、前節で述べたように、2016年1月末現在、視覚障害者等用データの収集および送信サービスの送信サービスの送信承認館は全国の63館、データ提供館は39館であった状況はどう変わったであろうか。

2018年11月現在のサービスの承認館・参加館数は、送信承認館が全国で104館、データ提供館は72館と増加傾向にある。ほかに学術文献録音テープ等の貸出承認館は347館、点字図書・録音図書全国総合目録参加館は239館となっているが、これは公共図書館だけでなく、大学図書館や点字図書館を含めた館数である。全国に3292館設置されている公共図書館の参加率の低さは、障害者サービスの実態を如実に表している。

例えば兵庫県を例に挙げれば、送信承認館リストには兵庫県立図書館、神戸市立点字図書館、加西市立図書館の3館しかない。加西市立図書館以外の兵庫県内の公共図書館は視覚障害者等用データを必要としていないと考えているわけであり、視覚障害等を有する利用者の情報ニーズは無視されたままであると言わざるを得ないのである。もちろん、視覚障害者等用データを受信することすら行わない図書館がデータ提供館になるはずもなく、兵庫県内のデータ提供館は加西市立図書館のただ1館のみとなっている。

2016年4月の障害者差別解消法施行以降も、全国の図書館のほとんどは国立国会図書館が行う視覚障害者等用データ送信サービスは自館の利用者サービスとは関係がないと考えている実態が明らかになったといえよう。

---

[7] 「著作権法の一部を改正する法律（平成30年法律第30号）」http://www.bunka.go.jp/seisaku/chosakuken/hokaisei/h30_hokaisei/pdf/r1406693_03.pdf（引用日：2018-12-22）

■ 第 3 章　デジタル・アーカイブとしての国立国会図書館

　もちろん、兵庫県内には指定管理者が運営する三田市立図書館のように、2016 年 4 月の障害者差別解消法施行に合わせて、全国で初めて「視覚障がい者向け利用支援サイト」を構築して音声読み上げ機能による視覚障害者向け電子書籍貸出サービスを開始し、地域の利用者に積極的に資料提供を行っている公共図書館も存在する[8]。このサービスはその後、自治体直営の公共図書館も含め、42 自治体 131 館にまで広がっている 。

　今後は一度製作された視覚障害者等用データがさまざまな図書館で利用される図書館間の連携が、そして地域の実情に合わせた形での ICT を活用した図書館のさらに積極的な取り組みが必要だろう。

4.　結　論

　前節の「デジタル・アーカイブとしての国立国会図書館の可能性」のその後の展開について、ここまで述べてきた。国立国会図書館は、国内の知識情報基盤を支える活動としてさまざまな情報資源を網羅的に収集し、これを整理し、そして国民に提供してきた。

　そして今日では、デジタル・アーカイブの構築とその提供を通じて、新たな段階へと踏み出している。国立国会図書館法や著作権法の改正を行いながら、ここまで展開してきた電子図書館事業であるが、これからは所蔵資料の大規模デジタル化の次の段階としてのテキストデータ化、オンライン資料の収集の次の段階としての電子商業出版物の網羅的収集が重要な事業となるだろう。

　今後、文字情報だけでなく、画像や音声資料も含む統合的検索システムをさらに高度化すると同時に簡便化することによって、国立国会図書館が提供するサービスがあらゆる情報のインフラとして国民に利活用されることが重要である。

＊8　湯浅俊彦『ICT を活用した出版と図書館の未来―立命館大学文学部のアクティブラーニング』出版メディアパル、2018、pp.10-13（2018 年 7 月 1 日現在、図書館流通センターへの取材による）。

第4章

ICTを活用した出版と図書館の新たな展開(1)

本章の内容

　この章は、ゼミ生による課題解決型ゼミナールの論文の概要を紹介する。
「リッチコンテンツを利用した電子書籍―効果音・BGMを中心に」
「ファッション誌の課題と未来」
「ICTを活用した読み聞かせの新展開―ロボット、アプリの可能性」
「大学・専門学校における電子書籍導入の現状と課題」
「これからの公共図書館―居心地の良い空間をつくる」
「学校教育を支える場としての図書館の可能性」
「特別支援教育におけるICTの活用」
と、今日的課題を自ら設定し、じつに能動的な探求を続けている。

湯浅ゼミの授業風景

第 4 章　ICT を活用した出版と図書館の新たな展開（1）

研究論文 1

リッチコンテンツを利用した電子書籍
―効果音・BGM を中心に

田中舞ゼミ生の研究と評価
（立命館大学文学部日本文化情報学専攻 3 回生）

■【田中舞ゼミ生の研究概要】

　電子書籍と一口に言っても、さまざまな種類がある。その中に、日本ではあまり普及していないが、読んでいるときに、BGM や効果音が流れる電子書籍がある。

　それは、本を読む楽しみを増やすだろう。しかし同時に、読み手の想像力を奪う可能性がある。

　本論では、リッチコンテンツを利用した電子書籍の有用性について考察する。

〈キーワード〉
リッチコンテンツ／効果音付き電子書籍／音声読み上げ機能／動く漫画

■【筆者からのコメント】

　田中舞ゼミ生の論文は、電子書籍を読んでいる途中で BGM や効果音が流れる「効果音付き電子書籍」について探求したものである。

　これは音声読み上げ機能付き電子書籍とは異なり、電子書籍内のテキストデータをスクリーン・リーダーなどで読み上げるのではなく、物語とともに変化する音により、臨場感がある読書体験ができるというものである。

　アニメーションや動く漫画のように絵が主体になっているわけではなく、読者の想像の世界としての小説に効果音を付けることによって電子書籍の可能性を考察しており、きわめて斬新な研究として期待できる。

研究論文1　リッチコンテンツを利用した電子書籍

【田中舞ゼミ生の研究論文の目次】

序　章
　1.問題の所在　1.1効果音付き電子書籍の定義　1.2音声読み上げ機能との差異　1.3研究目的
　2.先行研究　2.1視覚障害者に対する電子書籍の有用性／3.研究方法
第1章　電子書籍の現状
　1.電子書籍の利用実態／2.音声読み上げ機能　2.1視覚障害者の利用事例　2.2健常者の利用事例／3.まとめ
第2章　アニメーションとの違い
　1.アニメーションの定義／2.アニメーションとの比較／3.まとめ
第3章　動く漫画との違い
　1.漫画の定義／2.漫画の電子化　2.1電子化の現状　2.2動く漫画の定義　2.3動く漫画の事例／3.動く漫画との比較
終　章
　1.効果音付き電子書籍のメリット／2.効果音付き電子書籍のデメリット／3.まとめ／4.今後の研究課題

田中舞ゼミ生の研究発表

第 4 章　ICT を活用した出版と図書館の新たな展開（1）

研究論文 2

ファッション誌の課題と未来

田中友貴ゼミ生の研究と評価
（立命館大学文学部日本文化情報学専攻 3 回生）

――【田中友貴ゼミ生の研究概要】――――――――――――

　近年、出版不況と呼ばれる時代で、出版物の売上げは大きく減少し、その中で広告雑誌であるファッション誌の売上げも減少傾向にあると言われている。この現状の中で、出版社は、娯楽の多様化などに対応した雑誌の「電子化」や「広告商法」を徐々に行っている。本稿では、現状打破のために、出版社がどのように活動しているか、また有益性は存在するのか、メリットや課題を現代の雑誌販売の動向から論じる。また、ファッション誌に焦点を当てるため、広告媒体であるアパレル業界の動向からもメリットや課題を論じ、さらなる可能性を模索する。

〈キーワード〉
出版不況／ファッション誌／電子化／広告商法／アパレル業界

――【筆者からのコメント】――――――――――――――――

　田中友貴ゼミ生の論文は、日本の雑誌メディアの中でも特にファッション誌を中心にその現状を解明した上で、出版業界とアパレル業界双方の立場から売上げ減少の要因を分析し、解決策を考察するものである。雑誌の電子化に取り組まず、ブランドアイテムの付録によって売上げを伸ばしている宝島社が 7 年連続ファッション誌のシェア 1 位であること、またアパレル業界では「被服やその他関連製品」の売上げ減少傾向がある一方、ZOZOTOWN やアマゾンでの売上げが好調であることなどを分析している。結論として、電子雑誌を広

告媒体として用い、付録のある雑誌を実商品として売っていくという2つのシステムの併用を提案しており、興味深い。

【田中友貴ゼミ生の研究論文の目次】

第1章　はじめに
　1.1 研究の背景／1.2 研究の背景と目的／1.3 先行研究
第2章　出版界の現状
　2.1 ファッション雑誌の現状／2.2 ジャンル別ファッション雑誌の現状
第3章　雑誌低迷の要因
　3.1 ファッション誌の低迷の要因／3.2 書店数の減少／3.3 公共図書館貸出サービスの影響
第4章　出版社の取り組み
　4.1 雑誌の電子サービス 4.1.1 電子雑誌サービスのメリット 4.1.2 電子雑誌サービスのデメリット／4.2 雑誌の付録サービス 4.2.1 雑誌の付録サービスのメリット 4.2.2 雑誌の付録サービスのデメリット
終章　まとめ

田中友貴ゼミ生の研究発表

■ 第4章　ICTを活用した出版と図書館の新たな展開（1）

研究論文3

ICTを活用した読み聞かせの新展開
―ロボット、アプリの可能性
辻井沙英ゼミ生の研究と評価
（立命館大学文学部日本文化情報学専攻3回生）

──【辻井沙英ゼミ生の研究概要】──

　読み聞かせは子どもの教育において、その人格形成に大きな影響を与える。そして絵本は親(大人)が子どものために読むことで生命が通う本である。しかし、さまざまな理由で図書館での読み聞かせに参加できない家庭が存在している。

　共働き世帯であるため図書館に子どもを連れて行くことができなかったり、障害により声を出すことができなくて自身で読み聞かせを行うことができなかったりする場合である。

　そこで、本稿ではそれらの課題を解決するために図書館におけるロボットやデジタル絵本による読み聞かせ会や、家庭における読み聞かせアプリを活用したデジタル絵本制作について検討する。

〈キーワード〉
読み聞かせ会／ロボット／読み聞かせアプリ／デジタル絵本

──【筆者からのコメント】──

　辻井沙英ゼミ生の論文は、これまで紙媒体を中心に行われていた子どもを対象とする図書館や家庭での絵本や物語の読み聞かせをテーマに、ロボット、読み聞かせアプリといったICTを活用する事例を調査したものである。

　また実際にさまざまな公共図書館を訪問し、読み聞かせの実態を調査し、さらにあかし市民図書館と立命館大学「電子出版活用型図書館プロジェクト」が

主催したデジタル絵本制作ワークショップでは、自ら運営をサポートするなどのフィールドワークを行い、論文に反映させている点は高く評価することができる。

【辻井沙英ゼミ生の研究論文の目次】

1. 問題の所在と研究方法
　1.1 問題の所在―読み聞かせをする意味／ 1.2 先行研究 ／ 1.3 研究方法
2. 公共図書館における読み聞かせの実態例
3. 読み聞かせ会でのロボットの活用
　3.1 実例研究（1）Pepper（ペッパー）
　3.2 実例研究（2）RoBoHoN（ロボホン）
　3.3 ロボットによる読み聞かせによる懸念点
　3.3.1. 実例研究(3)雪丸 ／ 3.3.2. 実例研究(4)二宮くん
4. 親子体験型アプリ
　4.1 「ワクワク！みんなで絵本」／ 4.2 「絵本スタジオ」／ 4.3 まとめ
5. プロデュースの場としての図書館―デジタル絵本の制作
　5.1 「BookCreator」／ 5.2 ピッケの作る絵本
6. 結論

辻井沙英ゼミ生の研究発表

第 4 章　ICT を活用した出版と図書館の新たな展開（1）

研究論文 4

大学・専門学校における
電子書籍導入の現状と課題

得永結友ゼミ生の研究と評価
（立命館大学文学部日本文化情報学専攻 3 回生）

── 【得永結友ゼミ生の研究概要】 ────────

　現在、文部科学省によって小学校・中学校・高等学校・大学・専門学校における
ICT（Information and Communication Technology）を活用した教育が推進されて
いる。ICT を活用した教育とは、主に電子黒板やプロジェクター、パソコン、
タブレット、電子書籍、電子教科書などを活用することである。

　本稿では、電子書籍と電子教科書に焦点を当てる。一部の教育機関では電子
書籍や電子教科書の導入が始まりつつあるが、未だ消極的な学校が多いことが
現状である。そこで、大学・専門学校などの高等教育の場において電子書籍・電
子教科書の導入状況を調査し、普及のために今後取り組むべき課題について考
察する。

〈キーワード〉
大学教育／専門学校教育／ ICT 活用／電子書籍／電子教科書／著作権問題

── 【筆者からのコメント】 ────────

　得永結友ゼミ生の論文は、電子書籍と電子教科書をテーマに、大学と専門学
校における導入状況を文献や Web サイトによって調査を行っている。特筆す
べきは京都看護大学の学生へのインタビュー調査を行っており、学生全員が
iPad と紙の教科書の双方を購入し、電子教科書では医学書院テキストを閲覧
できる「iTex ビューア」、資料類の閲覧用として「BookLooper」、動画閲覧用
として Web サイトの看護技術教育ツール「ナーシング・スキル」の 3 つを利

用していることを明らかにしている。このうち「BookLooper」は、立命館大学湯浅ゼミでも受講生全員に iPad を配布して利用しており、同じ電子図書館システムでも看護大学と文学部での使い方の違いが現れて、きわめて興味深い論文である。

【得永結友ゼミ生の研究論文の目次】

第1章　はじめに
　1.1 問題の所在／1.2 研究目的／1.3 先行研究／1.4 研究方法
第2章　ICT 活用教育の現状
　2.1 ICT を活用した教育の重要性の認識／2.2 今後の導入計画／2.3 ICT 利活用教育の導入や推進を妨げる阻害要因
第3章　電子教科書
　3.1 電子書籍・電子教科書の導入事例 3.1.1 立命館大学 3.1.2 玉川大学 3.1.3 穴吹医療大学校 3.1.4 京都看護大学／3.2 電子書籍・電子教科書のメリット・デメリット
第4章　電子書籍・電子教科書の作成に伴う著作権問題
第5章　大学図書館における電子書籍の導入
第6章　結論

得永結友ゼミ生の研究発表

第4章　ICTを活用した出版と図書館の新たな展開（1）

研究論文 5

これからの公共図書館
―居心地の良い空間をつくる
林真穂ゼミ生の研究と評価
（立命館大学文学部日本文化情報学専攻 3 回生）

━【林真穂ゼミ生の研究概要】━

公共図書館は、今よりもさらに多くの人に利用されるべき場所である。今はまだ一部の人にしか活用されておらず、図書館に親しみを持って利用している人は住民全体からすれば少ない。

しかし近年では、これまでの図書館のイメージを払拭した、「滞在型図書館」や「場としての図書館」という新しい公共図書館のあり方が提唱されるようになった。こういった新しい図書館のあり方を探究し、それを踏まえ利用者にとって居心地の良い図書館づくりについて考察を行う。

〈キーワード〉
公共図書館／滞在型図書館／課題解決型サービス／場としての図書館／ICT化

━【筆者からのコメント】━

林真穂ゼミ生の論文は、「静かに読書をする場所」といったイメージの公共図書館に対して、近年、滞在型図書館と呼ばれる新しく開放的な図書館が増えつつある現状を分析するものであり、その一方で公共図書館におけるICT活用の必要性にも言及している。

また、宮城県・蔵王町立図書館の「としょかん福袋」や北海道・苫小牧市立中央図書館の「誰も読んでいない本フェア」などを取り上げ、図書館員の図書紹介の切り口の鮮やかさを紹介している。

さらに、佐賀県・武雄市図書館については、利用者がブラウジングによって

104

新たな作品と出会う可能性について論じている。これからの公共図書館について、大学生がどのように考えているのかが分かる論文といってよいだろう。

【林真穂ゼミ生の研究論文の目次】

1. はじめに
2. 新しい公共図書館のあり方
　2.1 現在の図書館利用者のニーズ
3. 場としての図書館
4. 図書館空間へのICTの活用
　4.1 ICT導入の歴史的経緯
　4.2 ICT導入の現状
5. 利用者へのアプローチ
　5.1 公共図書館における実例／5.1.1 多様な本の展示方法の工夫／5.1.2 武雄市図書館の事例
6. 結論
7. おわりに

林真穂ゼミ生の研究発表

第4章 ICTを活用した出版と図書館の新たな展開（1）

研究論文6

学校教育を支える場としての図書館の可能性

本田琳ゼミ生の研究と評価
（立命館大学文学部日本文化情報学専攻3回生）

━━【本田琳ゼミ生の研究概要】━━

　こらからの学校図書館は教育のデジタル化に合わせ、児童・生徒の学習を支援するために新たな役割が求められている。とりわけ、学習指導要領の改訂に伴い、学習環境にはこれまで以上に積極的な電子機器の導入が必要になってくることは明らかである。これらの事態に対して、図書館はいかに対応してゆくべきであろうか。

　本稿では、すべての児童・生徒に十分な教育の環境が整えられるための一助として、公共図書館という場の新たなサービスの方策について考察する。

〈キーワード〉
学校教育／公共図書館／学習支援／電子機器

━━【筆者からのコメント】━━

　本田琳ゼミ生の論文は、教育に対する政府の方針等について、政府刊行物などのデータをもとに教育現場のICT化の現状を調査している。とりわけ高等学校の学習指導要領に「ICT環境の整備など教材や教育環境の整備・充実を図ること」と明記されたことにより、教育現場におけるICT化はすべての学校において実現されるべき指針となったことをまず論じている。

　そこで、学校図書館における電子書籍貸出サービスの導入について、単に従来の図書や雑誌を電子化するにとどまらず、校内の独自コンテンツを電子図書館に導入し、ディスカバリーサービスを活用する授業を行うことが必要である

という提案を行い、新たな図書館像を描き出しているのである。

【本田琳ゼミ生の研究論文の目次】

第1章　問題の概要と研究方法
　1.1 問題の所在／ 1.2 研究方法／ 1.3 先行研究
第2章　教育のデジタル化の動向
　2.1 デジタル化の経緯と政府方針
　2.2 ICT を活用したアクティブラーニング
　2.3 ICT 導入問題
第3章　学校図書館の活用と電子図書館サービス
　3.1 電子図書館サービスの概要
　3.2 学校における電子図書館
第4章　結論
　4.1 教育の ICT 化の不回避性
　4.2 次世代型学校教育の構築

本田琳ゼミ生の研究発表

第 4 章　ICT を活用した出版と図書館の新たな展開（1）

研究論文 7

特別支援教育における ICT の活用

藪内夢咲ゼミ生の研究と評価
（立命館大学文学部日本文化情報学専攻 3 回生）

——【藪内夢咲ゼミ生の研究概要】

　近年、日本では政府による ICT の活用などの教育の情報化が推進されている。その中で、特別支援教育においては、障害の状態や特性に対応して ICT の活用を行うことによって、不得意なことを補って理解を促したり、学習の困難を改善・軽減したりできると考えられている。

　本稿では、特別支援教育における ICT の活用の現状について調査し、デジタル教科書・教材の利点や課題、今後の展望について論じる。

〈キーワード〉

特別支援教育／ ICT ／デジタル教科書／マルチメディアデイジー教科書

——【筆者からのコメント】

　藪内夢咲ゼミ生の論文は、特別支援教育における ICT 活用に関して精緻な文献調査を行い、デジタル教科書やデジタル教材をいかに効果的に利用していくことができるかについて考察を行っている。現状として、デジタル教科書や DAISY（デジタル録音図書の国際標準規格、Digital Accessible Information SYstem）教科書・教材の整備はきわめて遅れていることが明らかにされており、今後の課題を「特別支援教育における ICT 活用の認知度を上げること」など、3 点に整理して論じるきわめて優れた論文である。

【藪内夢咲ゼミ生の研究論文の目次】

第1章　はじめに
　1.1 問題の所在／1.2 研究目的／1.3 先行研究／1.4 研究方法
第2章　特別支援教育におけるICTの活用
　2.1 特別支援教育の現状／2.1.1 特別支援教育の定義／2.1.2 特別支援教育の対象となる生徒数調査
　2.2 政府によるICT活用に向けた取り組み／2.2.1 教育の情報化ビジョン／2.2.2 学びのイノベーション事業
　2.3 特別支援教育におけるICT活用の現状／2.3.1 デジタル教科書・教材の利用調査
第3章　特別支援教育に活用可能な教材
　3.1 音声教材・教科書／3.1.1 マルチメディアデイジー教科書／3.1.2 BEAM／3.1.3 Access Reading
第4章　これからの課題
　4.1 認知度／4.2 障害の状態・特性に応じたデジタル教科書・教材の開発促進／4.3 学校環境の整備・教員の養成
第5章　結論
　5.1 個々のニーズに合わせた教育／5.2 五感への刺激と身体の意識を高める／5.3 継続的支援
第6章　おわりに

藪内夢咲ゼミ生の研究発表

第5章

ICTを活用した出版と図書館の新たな展開(2)

本章の内容

　この章は、院生の修士論文の概要を紹介する。院生は修士論文を書くだけではなく、さまざまな研究活動を行った。毎週行われる大学院科目「プロジェクト演習」では、電子出版関連年表の入力やインタビュー調査を行った。
　また日本出版学会秋季研究発表会での個人発表、日本出版学会関西部会での研究会、立命館大学「電子出版活用型図書館プロジェクト」主催の3回にわたる公開セミナー「ディスカバリーサービス」、あかし市民図書館と立命館大学アート・リサーチセンター「電子出版活用型図書館プロジェクト」主催の「親子で作って楽しもう！デジタル絵本制作ワークショップ」の運営などさまざまな体験を通して、論文執筆に重要なアイデアを得たのである。

院生の研究発表風景

第5章　ICTを活用した出版と図書館の新たな展開（2）

研究論文 1

大学図書館における
多文化サービスの可能性
郭昊院生の研究と評価
（立命館大学大学院・文学研究科・行動文化情報学専攻・文化情報学専修　博士課程前期課程2回生）

━━ 【郭昊院生の研究概要】 ━━━━━━━━━━━━━━━

　近年、日本に定住する外国人が増加している。2018年6月末時点で、在留外国人の数はすでに263万人を超え、そのうち、在留資格が「留学」である外国人留学生の数も32万人を超えていた。こうした人口動態の変化の中で、多文化共生社会を実現する取り組みが強く求められており、図書館においても外国人に向けた多文化サービスの充実が喫緊の課題となっている。

　公共図書館では、地域コミュニティにおける子育て支援サービス、医療・健康情報サービスなどを在留外国人に提供することが重要である。また、大学図書館では、留学生に向けての学習支援がより積極的に行われることが求められている。

　しかし、徐々に増えている留学生の数に対して、日本の大学図書館における多文化サービスは積極的に行われているとは言い難い現状がある。一方、ICTの発達は著しく、社会や学校教育に大きな変化を与えている。最近では、ICTがさまざまな問題の解決ツールとして利用されている。

　そこで、本稿では、これまで主に人的支援や紙媒体による情報源の提供を中心に行われてきた日本の大学図書館における多文化サービスの歴史的経緯と現状を調査し、ICTの高度化に向けた取り組みについて考察する。

〈キーワード〉
大学図書館／多文化サービス／ICT／留学生／多文化共生社会

研究論文1　大学図書館における多文化サービスの可能性

── 【筆者からのコメント】────────────────

　郭昊院生の修士論文は、大学図書館においてこれまで軽視されてきた多文化サービスの新たな可能性を考察するものである。日本では公共図書館においても日本語を母語としない外国人を対象とした利用者サービスはそれほど積極的に提供されているわけではない。一方、大学図書館では英語対応することが唯一の「多文化サービス」のように考えられてきた。この状況に対して郭院生は、多文化共生社会における大学図書館の役割について、留学生の視点から図書館サービスの再構築を問題提起するのである。

【郭昊院生の修士論文の目次】

第1章　序論
第2章　多文化共生社会及び多文化サービスに関する先行研究
第3章　大学図書館における多文化サービスの事例研究
第4章　ICTを活用した新たな図書館サービスの展開
第5章　結論
資料編
　　立命館大学平井嘉一郎記念図書館へのインタビュー
　　立命館大学アジア太平洋大学ライブラリーへのインタビュー

郭昊院生の研究発表（320：法律 LawがLowと表示されていることを指摘）

113

第5章　ICTを活用した出版と図書館の新たな展開（2）

研究論文2

学校図書館における電子図書館サービスの実証的研究

向井惇子院生の研究と評価

（立命館大学大学院・文学研究科・行動文化情報学専攻・文化情報学専修　博士課程前期課程2回生）

【向井惇子院生の研究概要】

　デジタル・ネットワーク社会の到来は、学校教育にも大きな変化を与えた。政府は、ITの推進に向けて2000年に「高度情報通信ネットワーク社会形成基本法」を制定し、高度情報通信ネットワーク社会の実現を目指した。

　教育においては、文部科学省が「教育の情報化」の推進にあたり、2011年に「教育の情報化ビジョン」を公表した。その後、文部科学省が行った「学びのイノベーション事業」や総務省が行った「フューチャースクール推進事業」においてタブレット端末や電子黒板等を活用した実証実験が行われ、その後、各学校現場においてもICTを活用した授業の展開がなされている。そのような社会の変化の中で、教育として「主体的・対話的な深い学び」の実現を目標にした教育の転換が強く求められている。

　一方、学校図書館においては、そのような教育の情報化が推進される中で、実践的なICTの活用は進んでいるとはいい難く、学校図書館はいまだに紙媒体を中心とした情報源の提供を行っている。

　そこで、本稿では、学校図書館を対象に電子出版を活用した新たな利用者サービスについて検討し、利用者を主体とする学校図書館への転換に向けた取り組みについて考察する。

〈キーワード〉
学校図書館／電子図書館サービス／教育の情報化／ICT活用／電子出版

114

研究論文2　学校図書館における電子図書館サービスの実証的研究

---【筆者からのコメント】---

　向井惇子院生の修士論文は、第1に学校図書館の諸相を法的側面、制度的側面、産業的側面から分析する。第2に、千葉県柏市にある日本体育大学柏高等学校における電子図書館サービス導入の先進的事例を調査している。そして第3に、高等学校において英語の多読コンテンツを生徒に提供するという電子図書館サービスの実証実験の実施を学校に働きかけ、利用した生徒たちへのアンケート調査によってその効果を検証するという意欲的な論文である。電子書籍の特性を活かしたこのような実証的な研究は、今後の学校図書館における電子図書館サービスを利用者主体のものに変革する大きな潮流を形成するであろう。

【向井惇子院生の修士論文の目次】

第1章　はじめに
第2章　学校図書館の諸相
第3章　学校図書館のICT化の事例の調査分析
第4章　英語多読における電子図書館活用
第5章　考察
第6章　おわりに

向井惇子院生の研究発表

115

第6章

出版と図書館をめぐるフィールドワーク
―電子出版・電子図書館を探求する

本章の内容

　湯浅ゼミでは受講生たちに出版や図書館に関する3回生時のゼミ論文、そして4回生時の卒業論文を執筆する際、必ずフィールドワークを行うように指導してきた。また、年に一度のゼミ調査旅行ではゼミ生が一緒に行動し、訪問先の方々と活発なディスカッションを行っている。

　図書や雑誌論文の記述をそのまま信じるのではなく、自分自身が足を運んで、さまざまな人々と会って、事実を検証していくことは大学生にとって、きわめて重要な機会であろう。

　「現実」はじつは複数あり、「書かれたもの」を無批判に引用するだけではなく、自分の足で「調べたこと」を重視すると世界の見え方が変わってくる。フィールドワークは文献だけに依拠しない、批判的思考を鍛える重要な手法なのである。

湯浅ゼミ3回生調査旅行
（図書館流通センター、2018年9月3日）

第6章　出版と図書館をめぐるフィールドワーク

訪問記

扶桑社

訪問日：2018年9月3日　10時45分〜12時15分

1. 出版社における紙媒体と電子媒体の販売の現状と課題に関するレクチャー

　扶桑社を訪問したのは、雑誌の分野で活躍する出版社を訪問し、デジタル雑誌と紙媒体の雑誌の販売戦略について、その現況を理解したいというゼミ生からの希望が発端であった。そこで、扶桑社の梶原治樹・販売局販売部担当部長に、このテーマでのレクチャーをお願いした。梶原部長は、『ESSE』『harumi』『MAMOR』『皇室』など7誌の定期雑誌と単発のMOOKも含めると年間百何十誌刊行していることを紹介していただき、ゼミ生たちに対しては雑誌を「読む」のは面白いが、「作る」「売る」のも面白いということを強調された。

　一方、デジタル雑誌については、例えば『SPA!』では2010年より電子雑誌配信を開始し、紙媒体とほぼ同時発売で、価格は紙より若干安く設定しており、「マガストア」、「Fujisan」等で販売しているという。そして雑誌のデジタル化によるメリットは、①流通の多様化（・情報をスピーディーに出せる、・記事単位配信、アーカイブなどの多様な形態）、②表現の多様化（・動画や音声などを用いた新たな表現）、③読者との双方向性（・SNSとの連携等によるコミュニケーション深化）などを挙げられた。

2. ディスカッション

　ゼミ生からは「電子書籍の読みにくさ」に関する質問があり、梶原部長からは、コミックなどはかなり読みやすくなってきたこと、また一番遅れているのが図解入りの本であり、デバイスのサイズが違うと読みにくいという課題があること。レシピ本は、電子書籍を活用すると便利で、手順を動画で説明すると分かりやすいため本の中に動画を埋め込み、リッチコンテンツ化するという方法もあることなど、さらに受講生の理解が深められる展開となった。ゼミ生にとっては紙とデジタルについて学ぶまたとない機会となったのである。

訪問記　扶桑社

フォト・ルポ

■ 第6章　出版と図書館をめぐるフィールドワーク

訪問記

日比谷図書文化館

訪問日：2018年9月3日　14時00分～15時20分

---

1. 日比谷図書文化館での事前レクチャー

　日比谷図書文化館についても、ゼミ生から東京での調査旅行にぜひ特色ある公共図書館を見学したいとの希望があり、その見学が実現したものである。

　当日は見学の前に日比谷図書文化館に関する事前レクチャーを菊池壮一・図書部門長と高橋和敬・図書サービスプロデューサーから受けた。歴史的経緯としては、1908（明治41）年に東京市立日比谷図書館として開館し、2011（平成23）年には千代田区立日比谷図書文化館として開館、2017（平成29）年4月からは千代田ルネッサンスグループ（代表者：小学館集英社プロダクション、構成員：ヴィアックス、図書館流通センターなど6社）が指定管理者として業務を行っている。

　また、①図書館機能、②ミュージアム機能、③文化活動・交流機能、④アカデミー機能という4つの機能を利用者に提供していることが特徴である。

　蔵書数は約20万冊（新聞、雑誌を除く）、ビジネス、アート、地域資料を中心に収集している。オンラインデータベース数は16種類、iPad5台で『朝日新聞』『日本経済新聞』『毎日新聞』『東京新聞』4紙の電子版を館内で提供する（2019年3月31日で終了）など、電子情報資源にも力を入れている。

2. 館内の見学

　館内では3つのゾーンで実施している4か月間の特集展示を見学し、ニュース、季節の話題、担当者のおすすめの本など期間を定めずにテーマが変わる「UPDATE棚」と「Librarian's Pick」、毎日更新する「今日の1冊」などを見て回り、さまざまな本との出会いを演出する取り組みにゼミ生たちは驚嘆の声をあげていた。

120

訪問記　日比谷図書文化館

フォト・ルポ

第6章　出版と図書館をめぐるフィールドワーク

訪問記
図書館流通センター
訪問日：2018年9月3日　15時40分〜18時20分

1.　図書館流通センター訪問の目的

　図書館総合支援企業である「図書館流通センター」（TRC）を訪問したのは、以下の3つのテーマを調査するためであった。

2.　データ部におけるTRC MARC制作現場の見学とレクチャー

　データ部の伊藤英梨さんの案内でTRC MARC制作現場を見学させていただき、書影撮影からさまざまな書誌情報の入力、また「個人名」「団体名」「件名」「学習件名」「出版者」「全集」「シリーズ」の7つの典拠ファイルの作成手順などについてレクチャーしていただいた。

3.　指定管理者制度による図書館運営を学ぶ

　佐藤達生・取締役より図書館流通センターが指定管理者となって運営を行っているさまざまな公共図書館の取り組みについて、レクチャーをしていただいた。とりわけ、人口減少時代における地方自治体の総合計画と、図書館の建設・運営との結びつきについては、きわめて有意義な知見が得られ、ゼミ生は新たな発見に驚かされることとなった。

4.　電子図書館サービス「TRC-DL」がめざすもの

　最後に、矢口勝彦・電子図書館推進担当部長と植村要・図書館総合研究所特別顧問より、クラウド型電子図書館サービスである「LibrariE & TRC-DL」の現況についてのレクチャーを受けた。

　国内導入実績第1位を誇る電子図書館サービスが視覚障害者支援サイトを展開し、読書アクセシビリティの保障に努力する様子が伝わり、ゼミ生は大きな刺激を受けることになったのである。

122

訪問記　図書館流通センター

フォト・ルポ

■ 資料　電子出版年表

資　料
電子出版年表 2010 〜 2017 年

1. 本年表は「電子出版元年」と呼ばれた 2010 年から 2017 年までの電子出版に関係する主要な事項を収録したものである。
2. データ抽出の主要典拠文献は、出版業界紙『新文化』(新文化通信社) による。なお、データの抽出並びに入力は、湯浅俊彦のほか、立命館大学「電子出版活用型プロジェクト」メンバーである野木ももこ院生 (当時)、郭昊院生、向井惇子院生による。

電子出版関連の主な出来事

年	月	事　項
2010	1	雑誌コンテンツデジタル推進コンソーシアム、雑誌デジタル配信第1期実証実験サイト「parara（α）」開設。
	2	「魔法のiらんど」は2009年度総務省「ICT先進事業国際展開プロジェクト」のうち「ICT利活用ルール整備促進事業（「サイバー特区」事業）の一環として、コンテンツ・レイティングに関する実証実験を実施。
		講談社、小学館、集英社、新潮社、文藝春秋、角川書店など31の出版社、一般社団法人「日本電子書籍出版社協会」を設立し、代表に野間省伸・講談社副社長を選出。
		日本文藝家協会、デジタル化にともなう著作権者との契約について配慮を求める文書を日本書籍出版協会に送付。
		国際ISBN機関、電子書籍へのISBN（国際標準図書番号）付与に関する見解を公開。
	3	角川書店、角川歴彦『クラウド時代と〈クール革命〉』を3月10日の全国書店発売前の期間限定で全文無料公開。
		総務省、文部科学省、経済産業省が「デジタル・ネットワーク社会における出版物の利活用の推進に関する懇談会」を設置。
		NetLibraryの事業がOCLC Inc.からEBSCO Publishingに移管。
		インターネットのサイト「ほぼ日刊イトイ新聞」、大沢在昌『新宿鮫』シリーズの新作の連載を開始。
	4	国立国会図書館法に基づき、国会図書館が公的機関のインターネット情報の収集・保存を開始。
		米アップル、情報端末「iPad」を米国で発売、初日に30万台以上販売、電子書籍は1日で25万冊以上販売と発表。
		日本電子出版協会、EPUB（Google、Apple、Adobe、ソニー、B&Nなど電子出版関連各社が採用した電子出版フォーマット）説明会を開催。
		トーハン、「デジタル事業推進室」を新設。
		朝日新聞社、インターネットで情報を提供する「Astand（エースタンド）」を本格オープンし、旬のニュース解説や特集記事を読みやすい形にまとめた「WEB新書」を創刊。

2010 年

年	月	事　項
2010	5	NTTソルマーレ、『いつもそばにいる』などKindleとiPad向け英語版コミックの配信を開始。
		講談社、作家の京極夏彦氏の5月15日に刊行された『死ねばいいのに』をiPadやiPhone、携帯電話、パソコンで読める電子書籍として販売。
		米アップル、情報端末「iPad」を日本で発売。
	6	ソフトバンクグループの「ビューン」、iPad向けに『毎日新聞』、『AERA』など新聞、雑誌、テレビニュースなど31のコンテンツを月額450円で配信するサービスを開始。
		アゴラブックス、iPadで読めるソーシャルメディア対応型電子書籍を発売。
		国会図書館・納本制度審議会は「答申―オンライン資料の収集に関する制度の在り方について」を長尾真館長に手交す。
		インプレスジャパン、オーム社、技術評論社など14社、「電子書籍を考える出版社の会」設立。
		小学館、『週刊少年サンデー』の代表作をiPhoneで購読、閲覧できるアプリ「少年サンデーforiPhone」を公開。
		作家の瀬名秀明氏ら、電子書籍「AiR（エア）」公開、iPad、iPhone用に配信開始。
		アップル、iPhone4を日本で発売。
		講談社、『小田実全集』を電子書籍版（7万8750円）とオンデマンド版（全82巻、31万7415円、いずれも税込）で販売。
		デジタルコミック協議会、米出版社などと協力して米国の海賊版サイトの摘発に乗り出すと発表。
	7	ソニー、凸版印刷、KDDI、朝日新聞社の4社、電子書籍のネット配信を手がける事業準備会社を設立。
		トーハン、出版社の電子書籍ビジネスをサポートし、書店もビジネスモデルに組み込んだ電子書籍のプラットフォームを構築すると発表。
		日本雑誌協会と韓国雑誌協会、デジタル雑誌の取り組みについて覚書を締結。
		国会図書館、全文テキスト検索のための実証実験を出版社や印刷会社と協力して行うと発表。
		シャープ、電子書籍端末を2010年秋に発売し、電子書籍事業開始と発表。
		富士山マガジンサービス、デジタル雑誌350誌をiPhone、iPadで閲覧できるサービス開始。
		デジタル教科書教材協議会、小中学生にデジタル教科書を普及させるための産学協同コンソーシアムとして設立。
		講談社100%出資の子会社・星海社、書き下ろしのデジタル版小説・コミックスなどを2010年9月開設のサイト「最前線」で無料公開すると発表。
		小学館集英社プロダクション、少年サンデーに連載していた野球マンガ『クロスゲーム』『メジャー』のアニメ版の有料配信を開始。
		岩波書店、映画「借りぐらしのアリエッティ」の原作『床下の小人たち』を含む「小人の冒険シリーズ」（全5冊）の電子版を「電子書店パピレス」「どこでも読書」「SpaceTownブックス」などに配信。
	8	新潮社、2010年3月に休刊となった国際情報誌『フォーサイト』の有料ウェブサイト開設。
		廣済堂、アップストア上に電子書籍を扱う書店アプリ「Book Gate」を開設。
		アスキーメディアワークス、iPad・iPhone・パソコン用に書き下ろした電子コミック誌『電撃コミックジャパン』を創刊。
	9	日本雑誌協会、「デジタル雑誌配信権利処理ガイドライン」を理事会で正式承認。
		太洋社、「漫画☆全巻ドットコム」を運営するトリコなどと提携し、電子書籍事業に参入。
	10	出版社向け管理ソフトの開発・販売を行うシステムYAMATO、電子雑誌の販売サイト「NOA-ZASSHI」開設。
		大日本印刷と子会社のCHIグループ、公共図書館・大学図書館に電子図書館サービスの提供開始。
		日本書籍出版協会、独占的許諾権を盛り込んだ電子出版の契約書の雛型3種を作成し、説明会を開催。
		ハーレクイン、11月以降に刊行予定の『愛と掟のはざまで』（ペニー・ジョーダン）など3作品を初めて電子版で先行発売。

125

■ 資料　電子出版年表

年	月	事　項
2010	10	総務省、新ICT利活用サービス創出支援事業の委託先を決定し、電子書籍普及に総額8億3000万円を拠出。
	11	小学館、電子書籍販売サイト「e-BOOK小学館」を開設。
		作家の村上龍氏、電子書籍の制作・販売会社「G2010」設立。
		公正取引委員会、電子書籍は「物」ではなく「情報」として、著作物再販適用除外制度の「対象外」とホームページに掲載。
		デジタル放送を活用した新聞、雑誌などの紙メディアのデジタル配信の実現を目指す「All Media In One（AMIO）フォーラム」発足。
	12	インプレスR&D、デジタル出版をテーマにした週刊電子雑誌「On Deck」を創刊。
2011	1	凸版印刷、インテル、ビットウェイの3社、電子書籍事業で協力合意し、ビットウェイ新会社「BookLive（ブックライブ）」を設立。
		JTBパブリッシング、『JTB時刻表』を電子化し、発売。
		書物復権8社の会、第15回「共同復刊」リクエストの募集開始。オンデマンド、電子書籍の復刊も。
		美術出版ネットワークス、タブレット型端末向けビューアー「dogear（ドッグイヤー）」発売。
	2	IT企業エムアップ、「デジタルブックファクトリー」を立ち上げ。
		海外在住者を対象に月刊『文藝春秋』のデジタル版の販売開始。
		カルチュア・コンビニエンス・クラブ（CCC）みなとみらい店、紙の書籍を電子化する「自炊サービス」開始。
		祥伝社、月刊女性コミック誌『フィール・ヤング』3月号電子版発売。
		電子書籍出版社協会、交換フォーマット中間発表会を開催。
		「集英社e文庫iPhoneアプリ」第1弾、村上由香著『天使の卵』シリーズ電子書籍化。
		本城沙衣、ネット書店ドリームネッツから電子書籍『グランドゼロ～ひとひらの雪』を発表。
		イースト、EPUB日本語仕様を策定。
	3	ジャイブ『コミックラッシュ』、デジタルに完全移行。
		富士山マガジン、被災した雑誌定期購読者に無料でデジタル版配信。
		ブックラウド「コミッククラウド」第3弾、Kindleとアンドロイド端末向け発売。
		配信会社G2010、村上龍『限りなく透明に近いブルー』電子版配信。
		時事通信出版局、アップストアで「家庭の医学」アプリ無料提供、無料ランキング1位。
	4	世界文化社、男性ファッション誌『MEN'S EX』5月号以後、紙と併せて電子版を発行。
		新潮社、4月以後の新刊書籍全点を電子書籍で販売。
	5	エンターブレイン、iPhone&iPad用アプリ「未来の本　本のミライ」をアップストアで発売。
		アスキー・メディアワークス、電子コミック雑誌『電撃コミック ジャパン』で『おひさま』をコミック化。
	7	NEXTBOOK社、児童電子書籍3点を特別定価販売。
		講談社、『モーニング・ツー』電子版をeBookJapanで販売開始。
		デジタル教科書教材協議会、「教員コミュニティ」を設置。
	8	新潮社、塩野七生著『絵で見る十字軍物語』電子版発売。
		ブックウェイ、サイトを電子ショッピングモールに改装。
	9	日本出版販売、『モテれ。～女のスキルを磨きましょ～』の第1話を電子コミック化し配信。
		ソフトバンククリエイティブと旺文社、アップストアに配信中の電子書籍タイアップキャンペーン実施。
		日本出版インフラセンター、「電子出版コンテンツ流通管理コード（仮）」研究委員会を立上げ。
	10	CO2パブリッシング、ソーシャルプラットフォーム「BUKUMO」開設。
		JTBパブリッシング、『るるぶ京都』電子書籍版売開始。
		日本出版インフラセンター、「電子書籍コード管理研究委員会準備会」発足。
	11	すばる舎、11月刊行分から全新刊を電子配信。
		「出版デジタル機構」の設立説明会、開催。

126

年	月	事　項
2011	11	人文社、デジタル古地図シリーズ販売開始。
		デジタル教科書教材協議会、13小中学校で実証実験実施。
	12	日本電子書籍出版協会、「EPUBビューア検証チーム」立上げ。
		日本出版販売、デジタルえほん『まり』電子版、アップストアで発売。
		メディア出版、2012年3月から『デジタルナーシング・グラフィカ』を発売と発表。
		総務省、「東日本大震災アーカイブ基盤機構プロジェクト」に9億円の予算化。
2012	1	日書連が青森県組合から電子書籍事業を開始。
	2	日本出版インフラセンター、東北の被災地支援を目的とした「コンテンツ緊急電子化事業」スタート。
	3	セブンネットSショッピングが電子書籍販売開始。
		楽天、「Raboo（ラブー）」サービス終了。
		トーハン、デジタルe-hon開設。
		角川グループがKindle向け電子書籍配信でアマゾンと契約。
		BookLive!、電子書籍ランキングを電子看板に提供。
	4	出版デジタル機構、電子書籍における出版社らのサービス「パブリッジ」を開始。
	5	トゥ・ディファクト、ビーケーワンとhontoを統合。
	6	角川グループホールディングス、電子書籍フォーマットEPUB3を採用。
	7	シャープ、スマートフォン向け電子書配信システム発表。
		楽天、電子書籍端末「Kobo Touch」販売開始。
	8	三省堂書店、電子書籍を店頭で販売開始。
		ディー・エヌ・エー、「E☆エブリスタ電子書籍大賞」を創設。
	9	日本電子書籍出版社協会、EPUB3の制作ガイドを公開。
		ソニー、新型「Reader」を発売。
		近代科学社、オンデマンド販売開始。
	10	米グーグル、著作権侵害訴訟で出版社らと和解。
		講談社、文庫電子版の定期配信を開始。
		ドワンゴ、「ニコニコ静画」で有料電子書籍を販売。
		出版デジタル機構、紀伊國屋書店と電子書籍の配信・販売事業を契約。
		パピレス、Kindleにコンテンツ提供。
		消費者省庁、楽天に対して電子書籍の点数表示で行政指導。
		リブリカ、「ニンテンドー3DS」向け電子書籍サービス「どこでも本屋さん」配信開始。
		博報堂DYM、スマホ上で電子書籍の販促ができる書店・出版社向けアプリ「リコメンド文芸部」を開発。
	11	トーハン、「Digital e-hon」を刷新し、コンテンツ数を3万点増の11万点とする。
		アマゾン、日本国内のKindle端末の予約受付を開始。
		トーハン、「Digital e-hon」でコミックスの配信を開始。
		出版デジタル機構、楽天の子会社Kobo社と電子書籍の配信、販売について業務提携。
	12	BookLive、読書専用端末を発売し、三省堂書店などで販売。
		角川グループホールディングス、グーグル検索・閲覧サービスを「全作品対象外」で合意。
		hon.jp、検索システムをiPhoneにも対応させ、デジタルと紙の読者拡大を図る。
		トーハン、電子書籍販売「c-shelf」を1500書店で開始。
		JTBパブ、『るるぶ』『ココミル』などのガイドブックシリーズ電子化を開始。
		Kobo社、電子書籍端末2種類を発表。
2013	1	BookLive、有隣堂4店で電子書籍端末「Lideo」販売。
	2	電子書籍ストア「BookLive!」、2月17日を「電子書籍の日」として日本記念日協会に申請し、認定。
		経団連、「電子出版権」創設を提言。
	3	アップル、電子書籍販売「iBookstore」をオープン。
		三省堂書店とBookLive、絶版本を復刊、電子ストアとオンデマンドが連動。

資料　電子出版年表

年	月	事　項
2013	3	イーブックイニシアティブジャパン、電子雑誌の配信本格化 。
		イーブックイニシアティブジャパン、タブレットへのコンテンツサービス開始。
	4	いまじん、電子書籍端末「Lideo」販売。
		角川グループの電子書籍事業、年間24億円規模に。
		DNPグループ4社、クラウド型電子図書館サービスを開始。
		「ケータイ書店Booker's」閉鎖。
	6	まんのう町立図書館、「Kobo Touch」100台導入。
	7	DNP、書き下ろし電子書籍レーベル「文力」を立上げ。
	8	都城金海堂、4店舗で「Lideo」販売開始。
		電子出版制作・流通協議会、「公立図書館の電子書籍サービス」の調査結果を発表。
	9	幻冬舎、よしもとばなな氏の電子版をiBookstoreで先行独占配信。
		楽天、「Kobo Touch」26校で導入。
	10	出版デジタル機構がビットウェイを統合。
		イーブックイニシアティブジャパン、東証1部上場へ変更 。
		8大学図書館協同で、学術書の電子化実証実験開始。
	11	白石書店、「Lideo」を販売。
		東京デジタル出版サービス、電子書籍プロモを展開。
		金の星社、「Kinoppy」配信60点に拡大。
	12	文藝春秋、「文春e-Books」創刊。
		ベネッセ、小中学生向け電子書籍ストアを開始。
		文化庁、出版権を「電子出版」へ拡大する改正案報告書、文化審議会に上程へ。
		未来屋書店、KADOKAWAの全電子書籍配信へ。
		三省堂書店、書籍にかざして電子版を検索できる新アプリ「ヨミCam」開発。
		日本出版インフラセンター、電子書籍の書店店頭販売へ実証実験。
2014	1	ゴマブックス、電子で大活字本を配信。
		講談社、女性誌購入者にデジタル版の無料提供開始。
		インプレスR&D、紙と電子を同時発行。
		紀伊國屋書店、玉川大学と電子教科書導入の共同プロジェクト開始。
	2	インプレスR&D、「青空文庫」の作品をPODで販売開始。
		楽天Kobo、デスクトップアプリにビューワー機能追加。
	3	有斐閣、『六法全書　平成26年版』電子版無料閲覧サービス開始。
		KADOKAWA、200作品を無料公開するウェブサービス「コミックウォーカー」を開始。
		昭文社、まっぷるシリーズ紙購入者に無料で電子版を提供。
	4	文藝春秋、「週刊文春デジタル」を開始。
		ピースオブケイク、個人向けサービスSNS「note」を開始。
		インプレスR&D、国立国会図書館所蔵の古書をオンデマンド販売。
	5	KADOKAWA、ドワンゴと経営統合。
	6	マガジンハウス、女性向け情報誌『Hanako』電子版発売。
		ディスカヴァー21、ストア閉鎖に対応し、電子本の無料DLを保証するサービスを開始。
		ワンダーC・オトバンク、オーディオブックカードを店頭販売。
		有隣堂、三省堂書店など4書店、電子書籍店頭販売実験開始。
		講談社、夏の電子書籍販売企画「夏☆電書」で無料公開されているマンガを読むと55銭が義援金として寄付される「きふよみ」開始。
		BookLiveとカルチュア・コンビニエンス・クラブ業務提携。
		光和コンピューターなど6社、デジタル・オンデマンド出版センター設立。
		NTTドコモ、電子雑誌の読み放題サービス「dマガジン」を月額400円（税抜き）でスマートフォン、タブレット端末向けに開始。
	7	池澤夏樹氏、ボイジャーと協業で初の電子書籍を刊行。
		Jコミ、「絶版マンガ図書館」に改称。

年	月	事　項
2014	7	大日本印刷と図書館流通センター、「電子図書館出版社向け説明会」を開催。
		Kobo、小学館の女性3誌Lite版を無料配信。
		KADOKAWA、ツイッター上で電子書籍が読めるEPUBビューアを開発。
		出版者著作権管理機構（JCOPY）、POD化許諾規定を新設。
		医学書院、電子教科書の試験開始。
	8	KADOKAWA、「台湾マンガFORCE」配信開始。
		「LINEマンガ」、「LINEマンガ連載」を開始し、毎週100作品以上を無料閲覧提供。
		ハースト婦人画報社、雑誌購入者にデジタル版の無料閲覧サービスを提供。
	9	米グーグル、図書館蔵書デジタル化集団訴訟で著者団体と和解。
		Jリサーチ、「空飛ぶ本棚」で一部音声付加サービスを開始。
		東京大学出版会、みすず書房など学術系6社、新刊を紙と電子でセット販売する「新刊ハイブリッドモデル」サービスを開始。
		イーブックイニシアティブジャパン、ビジネス書の要約サービス開始。
		D&E（データアンドイー）、電子出版プラットフォーム「Newsstand」からコンテンツを販売できるサービス「PressPad」を開始。
		アマゾンジャパン、近畿大学と連携協定し、「教科書ストア」開設。
	10	八木書店、ウェブ版『群書類従』配信開始。
		講談社と小学館、グーグルプレイなどで「コミコミ」配信開始。
		日本電子図書館サービス、公共図書館向け電子書籍貸出サービス実証実験を開始。
		アマゾンジャパン、Kindleストア開設2年で25万タイトル。
		日本書籍出版協会、「紙・電子一体」「紙のみ」「電子のみ」3種類のヒナ型を用意し、「出版契約書ヒナ型」説明会開催。
		ハースト婦人画報社、スタバジャパンとコラボし、チケットに電子書籍サンプル付与。
		LINE子会社、講談社・小学館などとコミック海外展開で資本提携。
		講談社、紙・電子同時刊行本格化に向けて、多メディア変換ソフト開発。
		マンガボックス、600万ダウンロードを突破。
		東京書店商業組合加盟の書店、対象商品購入者に電子書無料プレゼント。
	11	日本評論社がPDF版、オンデマンド本で既刊書を復刊する「日評アーカイブズ」開始。
		紀伊國屋書店武蔵小杉店、無料スマホアプリ「B+POP」を利用し、店舗や商品の棚前までの案内や電子版の試し読みができる、初の「OtoO」マーケティング施策導入し開店。
		講談社、『100万回生きた猫』を電子配信。
		日本出版インフラセンター、書店での電子書籍販売実証事業を延長。
		集英社、女性ファッション誌主要15誌にデジタル版の付録配布。
		JTBパブリッシング、電子書籍サイト「たびのたね」開設。
	12	カルチュア・コンビニエンス・クラブ、雑誌購入で電子版を無料提供開始。
		日本雑誌協会、女性誌の一部無料公開開始。
		T-MEDIA、電子書籍販売の終了発表。
		Jリサーチ出版、触れると音声が出る業界初の“電子付録”のサービス開始。
		春うららかな書房、電子コミックの読み放題をマンガ喫茶、カフェなどで開始。
		アマゾンジャパン、国立国会図書館所蔵資料のパブリックドメインの古書を販売する「Kindle版アーカイブ」が1100タイトル突破。
2015	1	講談社、『ヤングマガジン』の発売と同時に電子版を刊行、その後全22誌のマンガ誌を電子化し、2015年6月までに配信。
		講談社、『VOCE』『ViVi』から紙版の女性誌を購入すると無料で電子版が読めるサービス「講談社デジタル本棚codigi（コデジ）」を開始。
	3	経済産業省の文化情報関連産業課、2014年度補正予算60億円によって、出版などのコンテンツを世界に発信する「コンテンツ海外展開等促進事業」（J-LOP+）について、事業者の申請受付開始。
		楽天、米国のOverDrive社の発行済み全株式を約500億円で取得、完全子会社化すると発表。

■ 資料　電子出版年表

年	月	事　項
2015	4	光文社、4月1日発売の『Story』など月刊誌8誌でデジタル版を制作し、紙版を購入した読者が無料閲覧できるよう、シリアルコードを掲載。約20の電子ストアでは有料販売も実施。
		出版デジタル機構、電子書籍の書誌情報を蓄積し、電子取次・電子書店への配信に利用する「共通書誌情報システム」を開発、4月7日から利用申請を受付開始。
		新潮社、小学館、講談社など16社、日本オーディオブック協議会を設立、代表理事に新潮社の佐藤隆信社長が就任。
		朝日出版社、月刊英語学習誌『CNN english express』（CNNee）に掲載された記事などを、電子書籍シリーズ「CNNee　ベスト・セレクション」として音声DL付き電子書籍で創刊。
	5	小学館、松本清張『山中鹿之助』など昭和の名作をペーパーバックと電子書籍を同時に同価格で復刊する新レーベル「P+D Books」を創刊。
		日本出版販売の関連会社、（株）クリエイターズギルド、出版社の電子書籍ビジネスの支援サービス「マスタープラン」の提供を開始。
		創出版、月刊『創』に掲載されたアーカイブや最新記事の電子版が読み放題となるサービス「創eブックスの月額読み放題」を開始。
		講談社、『手塚治虫文庫全集』全200巻を電子化し、配信。
	7	新潮社、村上春樹氏の期間限定の質問サイト「村上さんのところ」を閉鎖し、読者と村上氏のやりとりをまとめた『村上さんのところ』を書籍版と電子版で刊行。
		昭文社、旅行ガイドシリーズ『たびまる』の改訂版全30点を発売、電子アプリに対応。
		小学館、てんとうむしコミックス『ドラえもん』全45巻と、デジタルカラー版の2種『ドラえもん』の電子配信を開始。
		大日本印刷、電子書籍コンテンツを収録した読書専用端末「honto pocket」のプレミアム商品として『グイン・サーガ全集　プレミアムパッケージ』を発売。
	8	電子書籍販売サイト「コミックシーモア」を運営しているエヌ・ティ・ティ・ソルマーレは、講談社とコラボしたキャンペーン企画「夏電書【ITAN特集】」を実施、アンソロジー漫画誌『ITAN』が初出の対象作品全巻が無料で試読できるなどの特典を用意。
	9	東芝、電子書籍事業「BookPlace」を（株）U-Nextに移管。
		紀伊國屋書店、海外会員向けにKinoppyを通じた電子書籍の販売を開始、第1弾としてNHK出版の『NHKラジオテキスト』9点を発売。
		大日本印刷とグループの書店であるトゥ・ディファクトが共同運営する「honto」の会員が300万人を突破。
		主婦の友社、コミックサイト「コミカワ」に漫画投稿機能を実装して正式オープン。
	11	講談社、村上春樹氏のエッセイ『遠い太鼓』『やがて哀しき外国語』を初めて電子配信。
	12	実業之日本社、（株）フィスコとの業務提携を発表。出版コンテンツを配信。
2016	1	文藝春秋、司馬遼太郎『坂の上の雲』全8巻の電子版を配信。
		ハースト婦人画報社、デジタルのみの新メディアサイト「コスモポリタン日本版」を開設。
		インプレスR&Dは「Next Publishing」で製作したデジタルファースト本を日販、トーハン経由で委託販売を開始。
	2	講談社、月刊情報誌『クーリエ・ジャポン』について紙での刊行をやめ、デジタルを基盤とした有料会員サービスに移行。
		オプティム、スマホやタブレットでの雑誌読み放題サービス「タブホ」を全国のセブンイレブンで展開。
		絵本の情報・通販サイト「EhonNavi」を運営する絵本ナビ、市販絵本のデジタル読み放題サービスを開始。
	3	楽天、オンライン書店「楽天ブックス」の新サービスとして、スマートフォン向け読書管理サービス「Readee」の提供を開始。
		ハースト婦人画報社、女性ファッション誌『エルガール』5月号で、全記事AR（拡張現実）に対応する機能を搭載。
	4	小学館、女性向けデジタルメディア「LIVErary.tokyo」をオープン。
		丸善&ジュンク堂ネットストアとhontoが統合。
		小学館、『中上健次 電子全集』の配信開始。

年	月	事　項
2016	4	ディー・エヌ・エーが運営する無料漫画アプリ「マンガボックス」のダウンロード数が1000万超え。
		アマゾンジャパン、電子書籍端末Kindleの最新型「Kindle Oasis」を発売。
	5	日販グループのアイエムエー、電子コミック月刊誌『Colorful!』（カラフル）の配信を開始。
		Booklive、電子書籍専用端末「Lideo」の販売を終了。
		朝日出版社、アメリカ現職大統領のオバマ『肉声CD付き［対訳］オバマ「核なき世界」演説』を緊急電子化し、期間限定で割引販売を開始。
	6	ヤフー、「eBookJapan」を展開するイーブックイニシアティブジャパンを株式公開買い付けで連結子会社化すると発表。
		日本エンタープライズ、電子書籍ストア「BOOKSMART」とリアル書店を連動させ、新人作家の発掘・育成を支援するプロジェクトを開始。
		トゥ・ディファクト、ネット通販や電子書籍を融合したハイブリッド書店「honto」を大幅にリニューアル。
	7	ダイレクトクラウド、デジタル著作権管理システム「SkyDRM」の提供を開始。
		NHK Comicoが提供するアプリ「Comico」のダウンロード数、2000万ダウンロードを突破。
		小学館、コミック誌とライトノベル誌の総合ポータルサイト「小学館コミック」を全面リニューアル。
	8	アマゾンジャパン、定額制の電子書籍読み放題サービス「Kindle Unlimited」を開始。
		楽天、デジタル雑誌が月額410円で楽しめる定額読み放題サービス「楽天マガジン」を開始。
	9	ゲオインタラクティブ、「ナンプレ」などのパズルがスマホやタブレットなどに配信され、会員向けパズルが毎月郵送される会員サービス「パズルぽん」の提供を開始。
		JTBパブリッシング、旅行情報誌『るるぶソウル'17』から『るるぶ情報版』海外シリーズ全点に無料の電子版会話集を特典に付与。
		講談社、文芸誌『群像』創刊70周年記念号の電子配信を開始。
		JTBパブリッシング、オンラインコンシェルジュサービス「PlanB」を利用できるグルメガイド『るるぶ　おまかせ札幌グルメ』を発売。
		小学館、『サンデーS』10月号が市場で入手困難の事態を受けて、同号の全作品をウェブサイト「サンデーうぇぶり」で無料公開する異例措置。
	10	KADOKAWA、世界最古のテクノロジー誌『MIT Techology Review』の日本語版有料オンライン誌を創刊。
		新潮社と岩波書店、作家、研究者の講演音源をインターネットで配信するサービス「LisBo」を開始。
		KADOKAWA、電撃ブランドのオンラインストア「電撃屋」のリアル店をアニメイトAKIBAカルチャーズZONE店内に出店。
		旭屋書店、チェーン全17店舗で、運営する動画投稿サイト「本TUBE」と連動した「まとめ読み祭り」を開始。
		KADOKAWAとドワンゴは書店での特典配布、電子書籍キャンペーン、ニコニコ生放送特番などを行う「ニコニコカドカワ祭り　2016」を3000書店で開催。
		ハイブリッド型総合書店「honto」を運営するトゥ・ディファクト、専門家が本をテーマごとに紹介する「ブックツリー」を本格的に始動。
		出版科学研究所、『出版月報』9月号から電子書籍の売れ行き良好書や販売動向をレポートするページを新たに追加。
	11	出版デジタル機構、コンテンツの編集や校正、マルチ展開などを支援するサービス「Picassol」の提供開始。
		アンドロイド端末専用の電子書店「BOOKSMART」とリアル書店の店頭連動フェア企画、東京商業組合加盟の35店で展開。
		一迅社、電子コミック雑誌をリアル書店の紙版発売日と同時に発売。
		フライングライン、雑誌『農業と経済』のバックナンバー約900号をデジタル化。
	12	小学館、『立原正秋電子全集』を刊行し、主要な電子書店で販売開始。

■ 資料　電子出版年表

年	月	事　項
2016	12	NTTドコモ、電子雑誌の定額読み放題サービス「dマガジン」の法人向けプラン「dマガジン for Biz」の提供開始。
		エブリスタ、電子書籍（Kindleストア）とAmazon.co.jpのPODで短編小説レーベル「5分シリーズ」の刊行開始。
		ゲオインタラクティブ、スマホで電子コミックが読めるレンタルサービス「GEOマンガ」を開始。
2017	1	山と渓谷社、生物図鑑の読み放題サービス「図鑑.jp」をオープンし、電子版閲覧だけでなく、生物の名前・科名による横断検索が可能に。
	2	J:COM（ジュピターテレコム）、ケーブルテレビ、高速インターネット、固定電話、モバイルの加入者を対象に電子雑誌読み放題サービス「J:COMブックス」を開始、500誌以上のデジタル雑誌が読めるコースと、NHK出版の語学テキストや趣味・実用誌が閲覧できるコースの2種を提供。
	3	紀伊國屋書店、「紀伊國屋書店ウェブストア」の電子書籍サービスKinoppyで、研究者向けにエルゼビアなど欧米の大手学術専門出版社の既刊・新刊洋書計約17万タイトルの電子書籍販売を開始。
		日本能率協会マネジメントセンター、紙の書籍にデジタルの技術・サービスなどを付加して読者に提供する新規事業「電紙出版」を開始、図書を購入して専用無料アプリを使うと、AR（拡張現実）による「名刺交換」や「電話対応」などの動画を見ることができ、テキスト情報だけでは習得しづらいビジネススキルを学ぶことが可能に。
	4	雑誌の定期購読専門のオンライン書店、Fujisan.co.jpを運営する富士山マガジンサービス、「記事抽出システム」を構築し、雑誌の記事・画像単位のデジタルコンテンツをネット書店などに提供できるサービスを開始。
	5	ハースト婦人画報社、発行する全13雑誌の2012年以降のバックナンバーと最新号の電子版をパソコン、スマホ、タブレットで閲覧できる「マガジンクラウド」のサービスを開始。
		講談社、スマホだけで自分の電子書店を開設できるブラウザベースのサービス「じぶん書店」を開始、約130人の作家や編集者の公式書店と、約400人の一般ユーザによる書店が一斉にオープン。
	6	秋田書店、初の有料WEBマガジン『カチCOMI』創刊。
		国立国会図書館、出版者・著作権者向け説明会「国立国会図書館のデジタル化資料送信サービス〜現状とこれから」を開催。
		出版デジタル機構、楽天ブックスへプリント・オン・デマンド（POD）書籍のデータ取次業務を開始し、楽天ブックスと契約している200以上の書店も出版社が提供するPOD書籍を早ければ4日後に受け取ることが可能に。
	7	大日本印刷と日本電子図書館サービス、武庫川女子大学と連携し、学内や学生の自宅にあるパソコン、スマホ、タブレット端末を利用する電子書籍の貸出サービスの実証実験を約1400冊で開始。
	8	新潮社、覆面新人作家の宿野かほる『ルビンの壺が割れた』を発売1か月半前にネットで全文公開、無料公開中に電子書籍で1万以上ダウンロードされ、異例の5刷4万部販売。
	10	TSUTAYAとBookLive、店頭で購入した書籍・雑誌の電子版が自動的に電子書籍アプリ「BookLive!」の本棚にダウンロードされるサービス「Airbook」の対象出版物に、新たにコミックを追加。
	11	電子配信サービス「めちゃコミック（めちゃコミ）」を提供するアムタス、クリエイターを育成する専門学校、アミューズメント総合学院と共同で、オリジナル電子コミックを制作することを決定。

あとがき

◇あとがき

　デジタル・ネットワーク社会における出版と図書館のあり方を探究する本書の刊行は、多くの方々のご協力によって実現したものです。

　立命館大学文学部湯浅ゼミの調査旅行で訪問した、扶桑社の梶原治樹さん、村山悠太さん。日比谷図書文化館の菊池壮一さん、高橋和敬さん。図書館流通センターの佐藤達生さん、矢口勝彦さん、植村要さん、伊藤英梨さん。

　取材に快く応じて下さった日本体育大学柏高等学校の沖田綾子さん。関西創価中学校・高等学校「万葉図書館」の硲口浩美さん。芝浦工業大学附属中学高等学校の大坪隆明さん、佐藤真也さん。武庫川女子大学附属図書館の川崎安子さん。あかし市民図書館の志水千尋さん、阪本健太郎さん。EBSCO の磯﨑仁さん、古永誠さん。日本電子図書館サービスの新元公寛さん。紀伊國屋書店の簗瀬裕子さん。

　また、湯浅ゼミの電子書籍による授業をシステム面で支えてくれた京セラコミュニケーションシステムの津田康弘さんほかスタッフのみなさん。

　「教育基盤整備費」による本書の刊行助成など、深い理解を示して下さった立命館大学文学部長の上野隆三さんほか文学部執行部のみなさん。

　本書の刊行にご尽力いただいた出版メディアパルの下村昭夫さん、カバーイラストの毬月絵美さん、カバーデザインの荒瀬光治さん、DTP 組版並びに校正協力の蟬工房・渋谷則夫さんと冨澤容子さん、印刷・製本の平河工業社のみなさん。

　そして最後に、ゼミ発表、フィールドワーク、論文執筆と精力的に取り組んできた 7 名の 3 回生ゼミ生、田中舞さん、田中友貴さん、辻井沙英さん、得永結友さん、林真穂さん、本田琳さん、藪内夢咲さん。院生としてプロジェクトの運営にかかわり、修士論文を書き上げた郭昊さん、向井惇子さん。

　そのほか、お世話になった多くの方々にこの場を借りて、心からお礼申し上げます。

2019 年 2 月

湯浅 俊彦

索引

〈ア行〉
青空文庫 ……………………… 9
明石市 ………………………… 44
あかし市民図書館 ……… 13, 21
明石市立図書館 …………… 44
アクセスポイント ………… 42
アクティブラーニング …… 15
大阪市立中央図書館 ……… 43
小田実全集 ………………… 25
オンライン資料収集制度 … 61, 85

〈カ行〉
開高健電子全集 …………… 25
外国人 ………………… 10, 112
学習指導要領 ………… 16, 106
貸出型図書館 ……………… 47
学校教育 ……………… 15, 106
学校図書館 …………… 15, 114
学校図書館法 ………… 15, 31
関西創価高等学校 ………… 22
紀伊國屋書店 …………… 27, 29
京都府立図書館 …………… 43
グーグル …………………… 66
ケータイ小説 ……………… 61
効果音付き電子書籍 ……… 96
国立国会図書館 ……… 52, 76
国立国会図書館法 ………… 60
──改正法附則 …………… 60
これからの図書館像 ……… 37

〈サ行〉
三田市立図書館 …………… 10
視覚障害者 ………………… 10
視覚障害者等用データ送信サー
　ビス ……………… 75, 79, 89
芝浦工業大学附属中学高等学校
　………………………………… 27
市民の図書館 ……………… 47
弱視の子どもたちに絵本を … 13
出版流通対策協議会 ……… 59
障害者差別解消法 ………… 93
情報行動 …………………… 38
スクリーン・リーダー ……… 96

〈タ行〉
滞在型図書館 ………… 47, 104
大日本印刷 ………………… 10

多言語対応 ………………… 12
多文化サービス …………… 11
中小都市における公共図書館の
　運営 ……………………… 47
著作権法 …… 61, 69, 80, 88, 91
定住外国人 ………………… 12
ディスカバリーサービス
　……………………… 9, 39, 48
ディスレクシア …………… 10
デジタル・アーカイブ …… 94
デジタル絵本 ………… 12, 100
デジタル・ネットワーク社会 … 55
デジタル・ネットワーク社会にお
　ける出版物の利活用の推進に
　関する懇談会 ……… 35, 69
電子コミック ……………… 61
電子出版活用型図書館プロジェ
　クト ………………………… 8
電子書籍 …………………… 61
電子書籍・電子雑誌収集実証実
　験事業 ……………… 64, 85
電子書籍の流通と利用の円滑化
　に関する検討会議 … 35, 71
電子書籍の流通・利用・保存に関
　する調査研究 …………… 35
点字データ ………………… 89
電子図書館研究会 ………… 34
電子図書館サービス … 16, 114
電子雑誌 …………………… 61
読書アクセシビリティ …… 66
読書困難者 ………………… 10
特別支援教育 …………… 108
図書館向けデジタル化資料送信
　サービス ……… 72, 73, 87
図書館流通センター
　………………… 10, 48, 122

〈ナ行〉
長尾真 ……………… 34, 56, 60
長崎市立図書館 ……… 39, 43
日本体育大学柏高等学校 … 16
日本電子図書館サービス … 16
日本ペンクラブ …………… 67
日本ユニシス ……………… 10
ネットワーク系電子出版物 … 55

納本制度 ……………… 52, 70
──審議会 ………………… 56

〈ハ行〉
パッケージ系電子出版物 … 54
浜松市立図書館 …………… 11
日比谷図書館 ……………… 76
日比谷図書文化館 ……… 120
ビブリオテカ ……………… 12
ファッション誌 …………… 98
フィリピノナガイサ ……… 11
フェアユース ……………… 67
扶桑社 …………………… 118
プリント・ディスアビリティ… 10
古河電工時報 ……………… 61
米国作家協会 ……………… 68
ボイジャー ………………… 10

〈マ行〉
万葉図書館 ………………… 22
三浦綾子電子全集 ………… 25
武庫川女子大学附属図書館
　………………………… 20, 31
メディアドゥ ……………… 11
モバイルブック・ジェーピー … 85

〈ヤ行〉
読み聞かせアプリ ……… 100

〈ラ行〉
楽天OverDrive ……………… 11
リッチコンテンツ ………… 96
立命館大学IRIS …………… 89
ロボット ………………… 100

〈英文〉
CD-ROM …………………… 54
CiNii ……………………… 62
DAISY ……………… 89, 108
DRM ……………………… 60
eデポ ………………… 61, 85
EBSCO …………………… 48
EBSCOhost eBook Collection
　………………………………… 42
ICT ……… 8, 20, 28, 102, 114
J-Stage …………………… 62
LibrariE ……………… 14, 16
MediaPad ………………… 22

◎ 著者略歴

湯浅 俊彦（ゆあさ としひこ）
1955 年、大阪府生まれ。立命館大学文学部／文学研究科教授。大阪市立大学大学院・創造都市研究科・都市情報環境研究領域・博士（後期）課程修了。博士（創造都市）。日本出版学会・副会長。日本ペンクラブ言論表現委員会・副委員長。日本図書館協会・出版流通委員。図書館振興財団「図書館を使った調べる学習コンクール」審査委員。神戸市立図書館協議会・会長。

◎ 主な著書

『デジタル時代の出版メディア』2000 ／『日本の出版流通における書誌情報・物流情報のデジタル化とその歴史的意義』2007（以上、ポット出版）

『文化情報学ガイドブック―情報メディア技術から「人」を探る』共編著 2014 ／『デジタル・アーカイブとは何か―理論と実践』共著 2015（以上、勉誠出版）

『電子出版学入門―出版コンテンツのデジタル化と紙の本のゆくえ』2009・改訂 2 版 2010・改訂 3 版 2013 ／『デジタル環境下における出版ビジネスと図書館―ドキュメント「立命館大学文学部 湯浅ゼミ」』編著 2014 ／『電子出版と電子図書館の最前線を創り出す―立命館大学文学部湯浅ゼミの挑戦』編著 2015 ／『デジタルが変える出版と図書館―立命館大学文学部湯浅ゼミの 1 年』編著 2016 ／『大学生が考えたこれからの出版と図書館―立命館大学文学部湯浅ゼミの軌跡』編著 2017 ／『ICT を活用した出版と図書館の未来―立命館大学文学部のアクティブラーニング』単著 2018（以上、出版メディアパル）

電子出版活用型図書館プロジェクト
　―立命館大学文学部湯浅ゼミの総括
© 2019　湯浅 俊彦
2019 年 3 月 1 日　　第 1 版　　第 1 刷発行
著者：湯浅 俊彦
発行所：出版メディアパル　　　住所：〒 272-0812　市川市若宮 1-1-1
Tel&Fax：047-334-7094
e-mail：shimo@murapal.com　　URL：http://www.murapal.com/

カバーデザイン：あむ／荒瀬光治　カバーイラスト：毬月絵美
DTP 編集：出版メディアパル　組版・校正：蟬工房　CTP 印刷・製本：平河工業社

ISBN　978-4-902251-69-2　　Printed In Japan

出版と図書館の未来を考え続けた
湯浅ゼミの総括

● 2013年度のドキュメント立命館大学文学部湯浅ゼミ
デジタル環境下における
出版ビジネスと図書館
湯浅俊彦 編著　　　　定価(本体価格 2,400 円＋税)　A5 判　256 頁

● 2014年度の立命館大学文学部湯浅ゼミの挑戦
電子出版と電子図書館の
最前線を創り出す
湯浅俊彦 編著　　　　定価(本体価格 2,400 円＋税)　A5 判　272 頁

● 2015年度の立命館大学文学部湯浅ゼミの1年
デジタルが変える出版と図書館
湯浅俊彦 編著　　　　定価(本体価格 2,400 円＋税)　A5 判　240 頁

● 2016年度の立命館大学文学部湯浅ゼミの軌跡
大学生が考えた
これからの出版と図書館
湯浅俊彦 編著　　　　定価(本体価格 2,200 円＋税)　A5 判　208 頁

● 2017年度の立命館大学文学部のアクティブラーニング
ICTを活用した
出版と図書館の未来
湯浅俊彦 著　　　　　定価(本体価格 1,500 円＋税)　A5 判　112 頁

 出版メディアパル　担当者　下村 昭夫
〒272-0812　千葉県市川市若宮 1-1-1　　電話＆FAX：047-334-7094